青春美文精品集萃丛书·陪伴系列

陪伴是
难以忘却的初心

《语文报》编写组 选编

时代文艺出版社

图书在版编目（CIP）数据

陪伴是难以忘却的初心 / 《语文报》编写组选编.
-- 长春：时代文艺出版社, 2021.6
（青春美文精品集萃丛书. 陪伴系列）
ISBN 978-7-5387-6729-2

Ⅰ. ①陪… Ⅱ. ①语… Ⅲ. ①作文－中小学－选集
Ⅳ. ①H194.5

中国版本图书馆CIP数据核字(2021)第089820号

陪伴是难以忘却的初心

PEIBAN SHI NANYI WANGQUE DE CHUXIN

《语文报》编写组　选编

出 品 人：陈　琛
责任编辑：陆　凤
助理编辑：史　航
装帧设计：孙　利
排版制作：隋淑凤

出版发行：时代文艺出版社
地　　址：长春市福祉大路5788号　龙腾国际大厦A座15层　（130118）
电　　话：0431-81629751（总编办）　0431-81629755（发行部）
网　　址：weibo.com/tlapress（官方微博）　sdwycbsgf.tmall.com（天猫旗舰店）
开　　本：880mm×1230mm　1/32
字　　数：135千字
印　　张：7
印　　刷：三河市嵩川印刷有限公司
版　　次：2021年6月第1版
印　　次：2021年6月第1次印刷
定　　价：36.00元

编 委 会

Contents 目 录

傻傻的童年

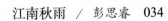

最初的本真

坚守的力量

在平凡中仰望星空

你永远在我身后

傻傻的童年

勇者的游戏

叶 一

没有冒险的过程，又怎能体会到结尾的趣味？这是我在三年级时领悟到的一个道理。

"哇……"我目瞪口呆地站在悬崖边，愣愣地看着滑行索上正不断尖叫着的冒险者。这也太危险了吧？这是我在看见"勇者之路"冒险游戏后的唯一想法。

我正在长长的队伍外犹豫着，到底要不要玩这个危险的游戏。玩，好像太危险了；不玩，买了票又回去，多没面子啊……

算了，玩吧！我心一横，站入了长长的队伍之中。

经过漫长的等待与紧张，终于轮到我开始自己的冒险了。工作人员帮我绑好了安全索，我忐忑不安地望了望脚下的深渊，腿恍若灌了铅，难以迈开脚步。

"哇啊——"不知什么原因，背后的人挤了我一下。

我瞬间被挤了下去，进入了"游戏"之中。

在安全索的帮助下，我在滑行索上飞快地前进着。冷风打在我的脸上，迅速弹开，又折回我的身边袭击着我。我惊恐极了，抓住安全索大声尖叫着……

但很快，我体会到了乐趣。"袭击"着我的冷风只是这冒险中的一份子。在最初的"试探"后开始辅助我，将我微微托起，我享受到了鸟儿的乐趣；我也看清了，"峡谷"下并不是深渊，而是一条大江；我展开手脚，模仿着电视中"仙人"的样子，哈哈笑着，却马上因为吞进了冷风而咳嗽着……

抵达终点后，我意犹未尽，仍在轻声笑着。我还怀念着那峡谷中的风和那条被我认成"深渊"的江……

傻傻的童年

林可可

　　小时候，看见爷爷奶奶刷牙时挤牙膏，非常羡慕，傻乎乎的我总以为牙膏是糖，挤在牙刷上，可以当作棒棒糖吃，吃完又可以变成泡泡糖，吐出泡泡。爷爷奶奶时常会哄我："牙膏很神奇，你可以用它变魔术。"

　　一次，我得到了一支粉红色的牙膏，高兴得不得了，蹦蹦跳跳地去找妹妹炫耀。我向妹妹一本正经地讲述了牙膏的"使用方法"，并且变了一次"魔术"。我小心翼翼地打开牙膏，挤出一点点在手上，牙膏是透明的，像水晶一般闪亮，带着水果的清香，真是吸引了我。我把牙膏含在嘴里，细细回味着它的甜蜜，又用清水漱了一下口，变出一堆神奇的泡泡。我得意极了，告诉妹妹："只有等到我这么大，你才能品尝到牙膏的美味，你这么小，知道怎么吃就是福气了，姐姐我大方，今天就分你一点儿。"妹妹居然也傻乎乎地看得两眼放光，我更加得意了。

就这样，我和妹妹你一点我一点，把牙膏"吃"完了。两人十分满足。

晚上，爷爷奶奶看到牙膏空了，惊讶极了，我自信地向爷爷奶奶讲述了今天发生的事，他们也是哭笑不得。他们很无奈，但又不忍心批评我们，只是手把手地教我们学习刷牙……

现在拿起牙膏，想起儿时的傻事，也是哭笑不得。感受到爷爷奶奶的慈祥以及妹妹对我的信服，我真的很幸福！

回顾童年，趣事可真是不少，犹如草地上的鲜花，每一天都无比鲜艳，每一朵鲜花的芳香都清新着我的记忆，使我的日子变得丰富多彩！又如天上的繁星，每一颗都无比闪亮，每一颗闪亮的星星都亮丽着我的生活，使我的生活更加趣味无穷。

早 晨

夏语恬

满怀着无限的期待，轻手轻脚下楼，匆匆忙忙地飞奔，奔向日新楼前的广场。新日即将升起。

腿有些许的酸，像是挣扎后的无力感。空着腹，下了公交车。冷风扑面，冷，刺骨的冷。路过了一家又一家早餐店却都没座。终于，来到了一条小巷，绕了几道弯，我们落座了。

在大家像"饿狼"一样涌向"三姐妹"的时候，我默默地在隔壁一家门面店中买了碗猪脏粉，坐在门口的小桌上。热气扑鼻，由不得慢条斯理，我开始狼吞虎咽，吃了大半碗后才开始赏景。

陈旧的招牌，闪着光亮，比蜂窝密集的房屋，既不高大，也毫无美感。面店老板娘的口中，讲出的是不太标准的普通话。她极力推销着猪脏粉，其实那也是父亲常为我买的美味。

　　想着想着，不禁出了神。出了神的我不禁烫了嘴。回过头，想走路过时的一举一动。其实也不累啊！出发得很早，饥肠之时，来一碗猪脏粉，倒也是不错的。

　　看着门外路过了几辆电瓶车，城市景观陆陆续续地苏醒了。四处响起了极难懂，而且怪里怪气的温州方言。这景，这温州话，渐渐让我沉浸在了这老街的早晨。

　　天亮得干净，少了初明时的几抹黑，几点暗紫。

　　自在、轻松，今日的早晨难得安静。不用再排大长队，不用扯着嗓子"吼着书"。

　　有手机，懒得记录。人们的步子也不匆匆，悠悠地尝，那如果冻般嫩的猪血；细细地品，那如丝绸般滑的粉。

　　这个冷风的早晨，被这碗猪脏粉温暖了。

　　那个早晨的美味，仍旧回荡在味蕾上，久久不能散去。

幻　趣

梣　泺

　　我静静地躺在草坪上，享受这安谧又与世无关的时刻。

　　意识变得模糊，隐隐约约看到了一片蔚蓝的天空，大雁排队似的形成"人"字形，比赛飞翔的速度。

　　看！一只骨架稍小的大雁落在队伍的后面。

　　它左冲右倒地，找不着南北，无从去处，落下了队伍一半。渐渐地，它缓慢地扇动翅膀，观察了一会儿。雁队突然又绕了大半个圈飞回来了，大雁便飞回了队伍。

　　这时，空中飞来了一对鸟儿，看样子是一对夫妻，叽叽喳喳好像在聊天我跟随着它们，来到了它们的"家"。幼鸟在巢中，紧依着对方，互相取暖。鸟妈妈用大翅膀裹紧它们，鸟爸爸放下叼住的虫子，站在巢边"放哨"，胸挺得笔直，眼神坚定。

它是身为爸爸在保护家庭的安危。

　　它们的这个家庭无时不充满着温馨。但这空中还有很多奇幻的东西，我闲游着，看见一只一意孤行的小鸟。你看它虽是一个人，却没有一丝的孤单，似乎找不到该去的方向，但不会返回，它应该是一侠客吧！

　　它来到了一个天空村庄，那儿有各种奇异的鸟。那个天空村庄并不是没有街道，而是用薄云铺起来的，给人一种仙境的视感。羽毛是鸟儿是否好看的重点，羽毛颜色鲜艳的鸟儿在空中翱翔展现它的翅膀，她们好像南国的少女。

　　梦幻的味道。在一片云朵后面，一群小鸟围住了一只大鸟。走进一听，才知道，大鸟在给它们讲一些有趣的鸟神仙故事。底下的小鸟听得津津有味，好似自己就是故事中的主角。我慢慢地发觉自己也是其中的一员，在聆听故事。

　　直至夕阳的红光照射下来，我发现自己还躺在草坪上，其实我已经经历了一场幻趣的旅行。

甜丝丝的雨露

卢依钒

窗外豆大的雨点儿落在雨篷中，叮叮咚咚的，飞溅起朵朵水花，又跳到地上钻入草丛中。草儿挺直了腰板，显得娇艳欲滴。

花花草草，你们真幸福。甘甜的雨露滋润着你们，为你们洗去污垢，给予你们营养，让你们茁壮成长。而此刻的我，却焦渴无比，急需一场甘霖来润泽。

你可能会说，渴了就去喝水呗。可你哪知道，我不是口渴，而是心渴。事情还得从那个早晨说起。

东方微白，几缕斜斜的光线射进房间。我悄悄地从被窝里爬出来，蹑手蹑脚地溜进书房，找到了被父亲藏在角落的《朝花夕拾》。又小步跑回房间，钻进被窝，露出半个脑袋，双手托着下巴，便沉浸在书的世界里，早已把父亲的警告忘到九霄云外了。

理性的批判，温馨的回忆，看到忘我的境界。当我回过神来，父亲早已站在眼前。

父亲瞪大眼睛，额角能清晰地看见条条青筋。他夺过我的书，满脸怒容，甩下一句话："跟你说了多少次，不能在大清早偷偷趴在床上看书，现在罚你两天之内不许碰它。"

天哪，两天不能看，这日子还怎么过呀。望着父亲远去的背影，似乎没有半点儿商量的余地，本想苦苦哀求减刑，也只得作罢。

起床后，我胡乱地刷牙，洗脸。吃早餐后，便识相地拿起作业耕耘，心里则打着小算盘：希望这样能减少父亲的一些怒气。窗外雨又大了些，花花草草贪婪地吮吸着甘甜的汁水。而我一会儿望着窗外兴叹，一会儿坐在沙发上发呆，一会儿在客厅里百无聊赖地转圈圈，嘴里念叨着："《朝花夕拾》啊，《朝花夕拾》，你什么时候才能回到我的怀抱？"

好不容易挨到中午，餐桌上摆着我最爱吃的红烧肉、糖醋排骨、青椒炒肉丝，可我却食欲全无，只顾着低着头，扒着饭。

"来，好好吃饭。我跟你老爸说说，以后可不能再躲在被窝里看书了。"妈妈往我碗里夹了一块糖醋排骨。

我一下子从椅子上蹦起来，喊道："妈妈，你真是我的救星。"

"行啦，行啦，快吃饭。"

"妈妈，今天做的糖醋排骨又香又脆，真是美味极了。"说完，我也往妈妈碗里夹了一块糖醋排骨。

"好啦，少油嘴滑舌了，如果刚才我不说帮你求情，你的嘴会这么甜？"

我会心地朝妈妈笑了笑。

此刻，一向严厉的父亲露出了笑容。

午后，我靠在沙发上，如愿地又捧起了《朝花夕拾》。一滴滴甜丝丝的雨露直沁我的肺腑，我感到全身的每一道血管都在奔涌，每一个细胞都在吸收着书本输送我的营养。

窗外的雨依然在滴答滴答地响，可我已不再羡慕花草，因为我已在畅饮属于我自己的甘露。

黄昏的时候

金琦曼

"晚风轻拂澎湖湾，白浪逐沙滩，没有椰林缀夕阳，只有一片海蓝蓝……"嘴里轻唱着这首老歌谣，我浮想联翩……

每当回想起那件令我开心又难过的事，嘴里便情不自禁地唱起了这一首老歌谣。

那时的我，只是幼儿园里的一位小朋友，和许多小女孩儿一样，我心中也有一个小小的梦想。我喜欢唱歌，而且很喜欢抒情歌，可我偏偏又比较活泼，并不适合唱这类歌。然而，她，给我带来了希望。

幼儿园放学后，我像往常一样在门口等着还在工作的爸爸妈妈。这时她过来了，走到我身边，"给你，你听听看，这是我最喜欢的一首歌，超好听！"她笑意盈盈地看着我，夕阳将天染红了，云朵变幻着，我开始听她最喜欢的那首歌。

音乐如灵泉般涌出来，在我耳畔响起，我看向她，她微笑着回应我。黄昏，将它那最辉煌的时刻献给了大地，一束光暖暖地洒下来，照在她的侧脸上。而此时微笑着的她，在光的照映下，显得格外美丽与可爱。

"这首歌真好听，谢谢你让我听。"我对着满脸笑容、任何时候都乐观的她说道。

"哈哈，不用谢，反正你也喜欢听歌！而且我爸爸妈妈也还没来，要不我们一起听歌吧！"她稍稍歪了歪头，俏皮地对我说，我也做了同一个动作回应她，我们相视一笑。

黄昏下，两个好朋友，在一起听歌、写作业、玩游戏……这样美好、和谐又充满稚气的画面，却在某一天突然不见了。

那也是放学后，黄昏下，夕阳依旧将天边染红，白云依旧变化着身子，一切，仿佛都那么平静，如常。这时，她突然对我说要把这副耳机送给我，我当时开心的心情可想而知，激动地收下了这份珍贵的礼物。可她告诉我，她明天要转学，今天是来和我告别的。我呆住了，不过很快反应过来，只好给她一个大大的拥抱。

窗前，夕阳在天边依旧把它最好的时刻送给我们，而这位好友已不知去向。歌声停下了，脑海中的"电影时间"也结束了，那份友谊在黄昏的见证下，将永远保存在我记忆的长河中。

落雨·纱裙·母亲

黄稣茜

她，大眼睛，小嘴巴，长头发；她，平易近人，默默无私；她，热情好客，坦率自然……她，就是我的母亲。

还记得那一次：

乌云伴随着大风的叫喊，来到人间。忽然，下起了大雨，雨点打在玻璃上，"啪啪啪"；雨点落下来滋润着万物，"嗒嗒嗒"……我听着这声音，在车站等候公交车。

突然，一个身影映入我的眼帘，那——那是我的母亲！只见她身着一件淡粉色的纱裙，雪白的衬衫，那乌黑亮丽的头发扎成一个丸子头，那双炯炯有神的大眼睛变得黯淡无神，好像在找什么东西似的。

她看见了我，脸上立刻露出灿烂的笑容，向我走来。她踩着小碎步，像赶集似的。她摸了摸我的头，眼眶里的泪珠忍不住掉了下来："你这臭丫头，你让妈妈担心坏了！让妈妈看看你怎么样了……"妈妈一番唠叨，而那一刻，我竟然没有像以前那样感到厌烦，却感到开心，兴奋！

我和妈妈撑着伞，有说有笑地走在回家的路上，我抬头一看，那把雨伞都是往我这边倾斜，妈妈的白衬衫早已湿了一大半。那一刻，一股热流涌上我的心头，眼眶里，那晶莹的泪珠在不停地打转。忽然，一阵风吹过，纱裙在空中飘动，一起一落，犹如一只美丽的蝴蝶在空中一起一落，忽上忽下，深深地印在我的脑海里。

一回到家，妈妈就不停地打喷嚏。听着这接二连三的喷嚏声，我二话不说，跑到厨房里，泡了一碗热气腾腾的姜茶，小心翼翼地走到房间里。哪知，妈妈说："你喝吧！妈妈身体好，你不一样，我不要紧，你比我还重要！乖，听话，喝了这一碗。"这句话在我耳畔回响，一下子我的眼泪像断了线的珠子，流了下来……

那落雨、纱裙，我至今都不会忘记！母亲那天的一举一动，每一个字都深深地印在我的脑海里，挥之不去，无法忘怀！

棉 花 糖

赵汉彬

话梅是酸的，糖是甜的，而话梅糖是又酸又甜的。这一独特的味道，让人难以忘怀。今天，老师发给我们每人一颗话梅糖，引起了我的回忆。

在小时候，家里条件还可以，我们又十分喜欢吃糖。因为糖吃起来，有一种让人回味无穷的感觉。记得有一次，一个人在那里卖棉花糖，我从未吃过棉花糖，很想吃。但那个时候，我的牙齿痛得不行。我告诉母亲想吃棉花糖时，她让我跟她走。她去二楼，拿出一个棉花，和我说棉花糖是这个做成的。我十分惊讶，外表上如此美味，好看的糖，它竟是棉花做的。于是，我打消了吃它的念头。

但有一次，我改变了我的想法。我看见隔壁小孩儿买了一个棉花糖，我目不转睛地看着他，我想看他下一秒会怎么样。我想：棉花无味，不好吃。爱吃糖的我，只能对棉花做一个评价——难吃得要人命。令我惊奇的是，那个男孩儿表情十分奇怪，他好似十分享受这个对于我来说十分难吃的棉花。我想：这是个怪人，口味如此淡。

　　我问过他："为什么棉花这么好吃？不应该很难吃吗？"他回答："这么可能，棉花糖那么好吃，那么丝滑、独特，你居然说不好吃！真是个怪人。"

　　我内心的疑问一天比一天多。有一天，我的小宇宙爆发了，我再也受不了了。我冲到二楼，把存钱瓶用力向地上一砸。"啪！"我翻开了玻璃碎片，不管有多么危险，拿起一个硬币向楼下冲去，以百米跑的速度冲到了卖棉花糖的人面前。啊！那香气，芬芳扑鼻，这种感觉，谁也体会不到。我买了一个棉花糖，咬了一口，啊！如同别人说的一样，是那么美味，那么丝滑，味道那么独特。

　　我真的好后悔听了母亲的话，错过了那么好的美味。我举起已经没了糖的竹签，又仔细地舔了一遍，想把所有的棉花糖都放入我嘴中。

酸梅糖的回忆

韩沁芮

　　酸梅糖，有着对往事回忆的味道，有着青涩的味道，也有着让人留恋的味道。今天这一节写作课，老师就带了酸梅糖来，让我们品尝。

　　不用说，爱糖的我们肯定叽叽喳喳闹个不停。是的，但在老师发下糖后，我们迫不及待地"嘶啦"一声，便往嘴里塞，都在细细品味着。

　　一入嘴，糖的味道便如藤蔓一样蔓延在嘴巴里，酸酸的，甜甜的，有时酸得让人皱起眉头，有时让人甜得似吃了蜜一般。说到甜，我便想到了童年。

　　还记得那是个炎热的七月，和同学一起出去玩的我跟同学们热得似在一个蒸笼里行走一般。最后，我还是受不了炎热的夏日，便去买了杯冰的酸梅汤。我和好朋友拿过瓶子，你一口，我一口，喝得欢乐极了！甜甜的味道蔓延在口中，与儿时的快乐一起，甜甜的。

这是我关于儿时的回忆，但接下来的这件事让我体会到了真正的"酸梅糖"的味道。

看着只剩下一颗的话梅糖，我和妹妹望了望对方，无可奈何地摇了摇头。一颗，两个人怎么吃啊！忽然，我想出了一个妙招：把糖敲碎，分了！嗯，说干就干！拿起刀便往糖上敲，碎了。我小心翼翼地剥开包装，分成两份，两人开心地吃了起来，甜蔓延到心里去了。殊不知……

晚上，妹妹忽然咳嗽起来，还发烧了。妈妈急得团团转，连忙带妹妹去医院检查，打盐水，原来是因为扁桃体发炎，导致发烧。我心里一"咯噔"，不会是因为那一颗糖吧？小小的一颗糖没那么大威力吧？

可最后还真的是因为那一颗糖，这让我十分后悔。妈妈那兰花指毫不吝啬地敲在我头上，说我没照顾好妹妹，我心中对妹妹有了愧疚之情。

慢慢地，嘴巴里的话梅吃完了，甜的味，酸的味，都有。我望着手中的糖纸，回味了很久。

暖暖的话梅糖

凤　歆

老师走进教室，所有人的目光都集中在他手中的那袋糖上。老师说，每个人都可以有一颗，我的眉毛便皱出一个"小山丘"了。大家议论纷纷："感觉有诈呀！"哎，上回是芥末味的豆子，这次不会是麻辣味的糖吧？我不禁暗暗摇头。

糖分下来了，大家都拿在手里，左翻右看，迟迟不敢下口。直到那位勇敢的"小白鼠"吃下糖，依旧"安然无恙"时，我们才大胆地吃下去。

糖纸"嘶啦——"一声，圆乎乎的糖果出现在我们的面前。闻了一下，甜味中带着点儿酸，冲入鼻腔，勾引着我们的味蕾。

入口，话梅的酸与黑糖的甜互相交织，令人沉醉。这个味道是那样熟悉……

那一天，夜深人静，星星和月亮也收去了自己的华光。哥哥书桌上的台灯还亮着。我在哥哥的指导下，奋笔疾书着，为接下来的笔试备战。

时间一秒一秒过去了，窗外的蝉鸣与耳边的唠叨，就如儿时妈妈哼的催眠曲，温柔又柔和，使我的双眼不住打架，上眼皮像挂着千钧重物，缓缓合上了，脑袋也搁在了书桌上。

哥哥不知何时拿了几颗糖，听到窸窸窣窣的声音，我睁开蒙眬的双眼，看了看哥哥。

忽然口中被塞入了个酸酸甜甜的东西，使我提起了神，有一种说不出的感受。哥哥笑眯眯地看着我，将手中一大包话梅糖放在桌上："要是困了，吃糖提提精神吧。"

接近午夜了，我终于对付完了桌上的试题。倒在床上蒙头大睡时，仍有话梅糖的气息在口鼻间回荡。

第二天，睁开眼，阳光早已取代了夜色，带来了光明，一家人送我去了赛场，而我的手心，还紧紧握着一颗话梅糖，那是哥哥在车上塞给我的。

比赛完，我是笑着出来的。哥哥看着我，也笑了。我口中的话梅糖，有一种说不出的味道。

过了一段时间，成绩出来了，看着那个一等奖，我终于明白，那说不出的味道，是我付出的努力，与哥哥用心的教导，是勤奋与亲情的味道……

现在，含着口中的糖，那晚的奋斗，还历历在目。

吃　豆

章煜琪

　　"同学们，有人要吃豆子吗？"语文老师晃了晃手中明晃晃的塑料袋。这个问题的回答无疑是"要"！毕竟我们班，没有一个人不爱吃，在我们班说你自己不爱吃都没人相信。

　　老师拿起手中的大袋子，左手一扯，"嘶啦"，袋子开了一个大口，一只粗糙的布满岁月痕迹的手伸进袋中，拿出一个绿得发亮，犹如宝物的小食品包。我眼睛死死地贴着这个"宝物"，眼里冒出金光，目不转睛地盯着那"宝物"，"嘶——"又一声，蚌壳中的珍珠露了出来，被一只大手倒在了讲台上的白纸上，豆子散在纸上的坠落声接连不断。接着又是一包。

　　第一批同学被老师请了上去，他们蜂拥而上，怕晚了一步，宝物就"飞"了。看到他们如恶狼般的眼神，我情不自禁地笑了。又见利爪般的手左抓一把，右抢几颗，最后直接拿起纸往嘴里倒的时候，我也使劲儿地咽了一下口水。可下一幕，我就认识到这位老师的"腹黑"了。只见他们突然神色大变，如便秘一般，皱起了眉头，也不嚼口中的豆子了，双手捂嘴，缓缓蹲下；还有的双手扶墙，头向下低着，似乎在面壁思过，可你仔细看，会发现他的背微微颤着。另外一个呢，一发现味道不对，飞奔座位，拿起水就往嘴里灌，犹如大力水手喝水一样，看得和我一样的在座的小伙伴哈哈大笑。

第二组，我不知道是幸运还是不幸，我们组上去"品尝"这芥末味的"美味"了。我皮笑肉不笑地缓缓地走向讲台，看着堆成的金字塔模样的豆豆山。我用食指和大拇指捏起一颗，放在鼻前闻闻，一股烧烤味钻进我神经。我不由自主地放入嘴中，味道散开，浓浓的，咸咸的，好吃！

当我拿起第二颗时，一只邪恶之手伸来，把金字塔摧毁并掠夺了。又是那个陈晨，真可恶！我心中警铃一响，立马把第二颗圆滚滚的豆子塞进口中。然后看向所剩不多的豆子，拿了半颗后下了台。心想这豆子其实也没那么难吃，也没那么呛，没那么辣。

刚夸奖完豆子，一股辛辣的味道突然袭入喉咙，蹿入鼻腔，在我咀嚼的部位留下了痕迹。我脸上的笑意顿时僵住，只剩下想哭却不能哭的泪水。

下课后，芥末味散了，可我还想再吃一次那豆子。也许，这就是芥末的力量。明知呛，却依然想吃。

陌　生

葛静怡

他说他不认识我。

他竟然说他不认识我。

这怎么可能？要知道，我们在同一个培训班上课，每周都见面，他怎么会说不认识我呢？

昨天下午，母亲在公交车上遇到一位姓张的学生，母亲那肥胖的身子令他以为是孕妇而忙不迭地让座，母亲感谢地点点头，并主动与他聊起来。他说正要去上培训班。当问到培训机构时他说是小林，母亲一看他与我年纪相仿，上课时间又一样，便眼前一亮，"你认识我儿子林凡吗？"谁知他扶了扶眼镜说不认识，显然，我的形象在他记忆中根本就没有"存盘"。

母亲回家后和我说起这件事，我知道他就是我同学，不免心中不快，他怎么会说不认识我呢？在那儿我们话虽然不多，但见面总会打招呼的。更何况，前不久我们还一起在课上玩游戏呢！他也太健忘了吧！

几天来，我一直在琢磨这件事。

我首先想到的是：也许我太默默无闻了吧。不！不会！我可是班上的活跃分子，与同学打成一片，关系甚好，再加上我成绩优秀，常被老师表扬，就算他不记得我，怎么说也相处两年了吧？他即便是个木头人，也该知道身边有一位大名鼎鼎的人物吧！

既然我知名度够高，那他为什么说不认识我呢？哦，对了，他也许是故意这么说的，可能我在某个时候得罪过他，他故意给母亲难堪，要是这样，那就不太妙了。我可不愿任何人在背后怨恨我。我静下心来，认真将脑海里的人和事都打捞了一遍，丝毫想不起自己做过什么得罪过别人的事，我可是出了名的老好人，从不和任何人结怨，所以有极好的口碑。

我和母亲多次探讨这事，她也说不出个所以然来，于是我愈发感到困惑和别扭。

后来我又和许多亲朋好友谈及此事，他们也没有给我个满意的答复。

这一天，我在街上遇见一位同培训班的同学，又禁不住谈起这个让我耿耿于怀的话题。

"姓张？叫什么名字？"同学问。

"嗯，对了，他叫什么呢？本来挺熟悉的名字，怎么一时记不起来了呢？——哎，我想起来了，他好像叫张什么文。"

"你说是张新文吗？"

"对，就是张新文！"我一拍巴掌，顿觉豁然开朗。

谁知同学双眉紧锁，定定地看着我，迟疑地说："可是，张新文是我的名字呀。怎么，你不认识我了吗？"

我看着眼前这位熟人，恍然觉得陌生起来。

找　人

黄　珏

"这么大的一个人，怎么说找不到就找不到啦？"我撑着一把伞，在雪中的校园里寻找，"小朱啊，千万别乱跑啊，一定要让我找到你啊！"

短暂而又繁忙的上学期刚刚结束，我怀着喜悦的心情离开校园，蹦蹦跳跳地跨出校园大门。伸手接住片片雪花，心里美滋滋地盘算着回家吃点什么好吃的来慰劳一下自己，但刚找到我们家的车，才放下沉重的书包，爸爸就告诉我，小朱的妈妈让我们将小朱一块儿带回去。但是小朱没有和我一起出来，我出教室时，他还在教室里整理他乱七八糟的抽屉和柜子。于是，刚刚的喜悦顷刻间烟消云散，这么大的一个地方，小朱也会走动，怎么找？

虽然很难找到，但还是冒着雪，撑了一把伞，从爸爸停车的地方，走向学校北边大门门口，寻找小朱的身影。

"咦？小珏，你没找到你爸爸呀？要不我把你捎回去吧。"

"我找到我爸爸了，就在前面。哎，对了，你看见小朱了没有？他妈妈让我顺道把他捎回去，但是我找不到他了。"

"小朱刚刚还和几个同学在走廊上玩呢，现在去哪里我也不清楚了，现在大概在校门口吧。"

"哦，好，谢谢。"

"嗯，再见。"

我在回校的路上遇到了好多同学和朋友，每次都是这样的对话。

在校门口，我左右张望，都没发现他的影子。该不会还在教室里吧？我又走进了教室，在教室里所有的同学中都找不到他的影子。同学们也说没看见他或是他已经走了。我可着急了，因为今天晚上我们要回江都，一个月都待在扬州没回江都，可怀念了。现在好不容易可以回去一趟，不能让妈妈久等。而且妈妈在家又烧了好吃的，我们都想在饭菜变冷之前赶到家。找小朱的时间已经过了十分多钟了，如果现在不赶紧地赶回去怕是来不及了，何况还下着大雪，刮着大风，大路结冰呢。不过现在最重要的是，小朱到底跑到哪里去了？

两分钟后，我寻找未果，只得往回走，祈祷在自己寻找他的时候，他自己会找到我们家的车。我又急急忙忙地往校门外跑，但一不留神，没注意脚下，随后"扑通"一声滑倒在地。原本光滑的瓷砖地面上有了少量积雪，况且天冷，水都结了冰，变得非常滑。而这一摔，我心里愤怒的火花越发壮大。如果不是因为小朱，我现在就应该在车上，听着音乐，吹着空调，一觉睡到江都，怎么会像现在一样在瓷砖上滑倒而摔倒！

我扶着栏杆，好不容易从光滑的地面上站起。突然发现前面有个人，很像小朱。我很是高兴，兴冲冲地跑过去。天哪，不是！我的心情从悬崖上跌落谷底，怎么会这样？难道他已经出了校门？

我匆匆忙忙跑回车上，但看到的却很令人失望，他并没有自己出来找到我爸爸。我和爸爸急忙打电话给小朱的妈妈，开车慢慢往西门行驶，准备回家。突然，在学校西门口的一抹身影撞入了我的视线，那就是小朱！他站在西门口，站在漫天飞舞的大雪里，时不时蹦一蹦，跳一跳。我打开车门，看到他浑身上下落满雪花，我也只得帮他掸掸身上的雪花，让他上了暖乎乎的车。

最终，我还是没有告诉他我在校园里找了他好久，还摔了一个大跟头。他在雪中站了那么长时间呢，也只怪他没找对门罢了。

数　学　课

左　杨

　　每次到了数学课，刘阳这话篓子就好像被捅破了似的，一刻都无法停息。当数学老师扶着眼镜，在黑板上写板书时，他正热火朝天地向周围一圈人传授他自创的"毒蛇秘籍"，或者含着根棒棒糖唾沫横飞地讲述他上周末在比赛中的辉煌战绩，和上节语文课那瑟瑟缩缩的模样截然不同。这其中道理浅显易懂：语文老师是资深的骨干级教师，教风严厉，没有人敢在他的课上随意谈天。而数学老师就不同啦，数学老师是个新人，再加上性情温和，所以刘阳这种人得以肆意妄为。

　　班主任得知数学课上的纪律问题，决定在班上安装一个摄像头，蹲在办公室里随时用手机查看数学课上的情况，并且当众宣布，凡是数学课讲话者，抓到一次写二百字检查。

刘阳听到这个消息，好似泄了气的皮球。他至今都没忘记上个月他在班主任的课上随意讲话被罚写一千字的痛楚。无可奈何的他只能选择好好听讲。

这节数学课出乎意料地安静，刘阳左顾右盼，只见所有同学都在冥思苦想，刘阳眼睛一闭一睁，黑板就满了。他现在满脑子都被公式和字母填满，却绞尽脑汁都无法解出答案。他不时地看手表，但数学课就是一节更比六节长。老师滔滔不绝地讲着题目，刘阳的内心焦躁万分，仿佛有无数只蚂蚁在心尖爬来爬去，难过得要死。老师的话语，令人厌烦的数学课，同学呆板的神情，在刘阳的脑海里不断地交织、旋转……终于，他心中最后的防线决堤了，无数话语像洪水一般倾泻出来，此时的他已经做好了"必死"的准备，为了讲话，罚写什么已经不重要了！

下课铃响了，刘阳心满意足地停止了他的"演说"。但出乎意料的是，老师并没有来找他麻烦。此后的几天，刘阳先是一节课讲两三句话以便试探班主任是否做出反应。见班主任毫无动静，就又恢复了原先的状态。渐渐地，防备之心缓缓消失了……

周五的班会课，刘阳得意扬扬地跷着二郎腿，回想着上节数学课的"光辉战绩"，嘴角不禁勾勒出一抹笑容。看来班主任是吓唬咱的！这时班主任进来宣布道：

"下面是对刘阳同学的惩罚：周一数学课讲话三次，周二十次……周五八次，共计三十五次，下周带一份七千字的检查！"

最初的本真

江 南 秋 雨

彭思睿

　　江南的秋天，雨并不多，就算有，也只是轻轻地来，悄悄地走，没有下太久的。大概是太喜欢雨了吧，我老是想在秋天看看雨。

　　天上的云似乎很不耐烦，全都聚集在一起，罩住整个开阔的天。天开始灰暗起来，阴沉沉的，使人的情绪一下子掉到了最底层。接着，一束又一束的雨从天上撒落，落在屋顶上，落在古道上，落在池塘里。雨调皮地跳跃在人们的头上，路上的人只好用书或者其他物体挡住突如其来的雨。他们心里一定在想：这雨可真调皮！雨可不管这么多，它们还是那么惬意，那么无拘无束。

　　雨落在江南的屋顶上——这种屋子的屋顶呈三角形，可以使雨水顺利地往下流。果然，雨滴顺势而下，"啪嗒""啪嗒"，声声相连，清脆响亮。屋檐下更有一番景观。雨柔顺地流下来，形成了雨帘。如同花果山水帘洞，却不像它那样汹涌，雨帘是温柔的；雨把树叶冲下来，如同一幅满天星的画，却不像它那样只局限于一格，雨帘是变化多端的；落下来的声音使雨帘像音乐喷泉，但它没有洪亮的高歌，它只有悠闲自在的低吟……

雨继续下着。我上了楼，凭窗远眺，全城竟然都弥漫在烟雾之中，如在桃花源！弄里有烟雾，是朦胧罩眼的；屋顶有烟雾，是缥缈而挥之不去的；教堂里有烟雾，是伴随着幽远的古钟传遍所有地方的……我的思绪就沉浸在温柔、奇幻的雨雾里了！

过了一会儿，雨停了，烟雾也散了，金黄色的霞光把周围一染，刚才温柔的感觉挥之不去，而更加浓郁。

这温婉的秋雨！我想，世界上没有比这江南秋雨更圣洁的东西了罢。凝望这一帘秋雨，我想，把我的身影，也融进这细腻的温婉里吧，让它的清凉沁透我的身心，让风伴着雨，涤荡我的灵魂。

最是七月流金时

袁明悦

在这铄石流金的季节，我们几经波折，终于来到久盼的世业洲开心农场。

或许是天气实在燥热得过分，一眼望去，大地似乎不断蒸腾着暑气，手习惯性地在脖子上胡乱抹着，汗珠就像水一样，怎么流都流不尽。舔舔干裂的嘴唇，整个口腔随即如同上了胶，变得黏糊。每走一步，脚趾都像顶着了一块硬石头，让人不想前行。

"到了到了！歇歇吧！"看着眼前的木屋，我们都看到了希望，盼着第一项活动——烧烤快点儿开始。打听过后才得知，在这里烧烤得自己去摘蔬菜、洗水果。我们一下傻了眼，摘菜？这种荒郊野外的，哪里有蔬菜？大家不约而同地四处张望，却连一个菜棚影都没看见。女主人猜到了我们的心思，笑呵呵地说："看！那有个大土坡，土坡背后就是！"我们连声道谢，心里却纷纷质疑。难不成土坡背后另藏一片天地？于是，我们满怀期待，向着女主人手指的方向迈进。

　　一路上，满地的小石子硌得人不禁蜷起脚趾走路。路边的野草丛生，根根交错像是想要争执什么却被抽去了力气。自己的步子仿佛越迈越小，眼前的路却越走越长了。偶尔开过的面包车卷起一阵黄土，混沌了空气，黏在身上犹如皮肤上多了层厚厚的污垢。终于接近土坡了，远处跑来几只小狗，黑的、白的抑或黑白相间，颜色杂得无法区分。它们跑到我们身边，竟开始打转。绕了我们几圈，又向前跑去，看起来就像是要带领我们去一个充满欢乐的地方。土坡到了！我们加快了步伐，脑袋都仰起来急切地想要看到菜地。

　　啊！眼前这是什么——土地被分割成块状，绿油油的枝丫在空中弯出生命的姿态，每根枝上都悬着一两个的果实，看了叫人垂涎三尺。我们都惊呆了，只见老师走近看了看，回头笑道："是番茄啊！大家一起来选，要摘看起来颜色艳丽的！"话音已落，我们却迟迟不肯迈步。不知别人心里怎么想，总之我已被深深震撼了！且不说茂密的南瓜叶匍匐在地上，藏起了黄澄澄的果实；且不说花生顶着小小的两三片叶子躲在地下，让人心生怜爱；且不说在大棚的悉心保护下，紫色的茄子弯着小巧的身子俏悬在枝头……单单是远远望去那成片的绿色，就使人充满了活力、生机。想不到，在这土坡背后，真的另有一片天地！

最是七月流金时——夏的深沉，让我明白了许许多多。

大地是这样，看起来荒芜的一片，有可能埋藏着新的生命。

夏季也是这样，万物表面垂头丧气，却努力地吸收着养分，为在秋天迸发出最灿烂的自己。

人生，还是这样，落入低谷并不代表永久的失败。我们要学会寻找机会，创造机会，在下一个拐弯处，创造出另一片生机勃勃的天地。

人间芳菲开遍

卞敬怡

四月天，人间芳菲开遍。所有的日子，都被一种肆无忌惮的明媚笼罩，仿佛一切都被琥珀了一般，闪着别样的光鲜，润出别样的色泽。路边的迎春花是一树树开的，黄灿灿的花儿一下压住了树枝的全部，稀疏的地方，也是满枝条的绿芽。轻风吹来，黄绿相间着一种陶醉，映亮了心灵。

跟随树人文学社，又一次来到凤凰岛——这个熟悉的地方。每次到凤凰岛来，都会有一种新的感受。

穿越刺猬林的时候，在密匝匝的林子里，我抬头仰望，希冀着能够触碰到蓝莹莹的天空。真是一个好天气！伸出手臂，张开五指，透过指缝中一点一点金色的粉末开始弥漫，打开喉咙开始了明媚的歌唱。

急急忙忙地吃完午饭，便冲到了秋千前。坐上去，摆pose，傻笑，把头深深地埋在腿弯中开始狂想……耳边充斥着风啸声，就在那一瞬间，飘飘然了，觉得自己就此与一切烦恼别过。

来到鹭岛，白色的鹭鸟栖息在参天的古树上，不远处依稀传来孔雀那厚重的鸣声。来到一户农家，里面有七八只梅花鹿，栅栏边盛开着很多艳丽的非洲菊。阳光洒满了沙石路，用手指轻轻触碰那娇嫩的花瓣，抚摸着，弯曲的指节似乎在触碰来自天边的神圣。真想此刻就摒弃一切，做一个真正的东篱采菊人。一杯淡酒，一壶菊茶。邀明月，赏野花，吮甘露，品香瓜。一叶扁舟，一蓬蓑衣，与斜风细雨中摆渡闲云野鹤般的人生！

我站在碎石路上，仰头感受暖暖的春日。一瞬间，如同被什么击中，或被攫住了似的。只感到流光中的迷离与幻动，令人无可抗拒地融入了和煦的暖风、游离的暗香以及不息的声色中。四月的芳菲使人醉呵！

穿上救生衣，拿起船桨，我又做起了船娘。四人合泛于湖中，虽没有轻歌曼舞，但大家互相打着趣儿，也颇为惬意。信手在芦苇荡中抽丝剥茧般挑出一只细长的苇尖，抿在嘴里吹着，余音袅袅……

太阳一点点落下时，晚霞很美，淡淡的薄云，优雅的柔光。悠扬的笛声响起，眼前有暄腾的紫气。我看到一只白鹭，消失在大片的油菜花中。晚风吹来，黄绿色的海洋泛起波浪。而后，有惊飞的鸟儿和若离的欢笑。更远些，似乎是群山留下的浅浅的影……

梦中的母亲

清　舟

那晚，我躺在宿舍的床上，渐渐睡去。正睡到意醉时，母亲悄悄地来到我的梦中。不知为何，她身穿怪异服装走过来，我还没瞧清她的脸庞，便觉得想笑。笑意霎时而过，母亲迷迷糊糊地说自己给我准备了份礼物，让我快去房间里看。我照着她的指示来到了房间，床上摆着一堆气球，中间围着一封信，我又不知为何生了气想去与母亲理论，母亲和颜悦色地说："好了好了，你先看看那封信吧。"我去看了，信封中写着母亲与我发生的趣事，虽然字迹潦草，文笔笨拙，但是真情却流露着，我看完后眼泪夺眶而出，这时我突然好想拥抱母亲，突然很想去关心她、照顾她。我不知道这是一种什么感觉，而后抹了抹眼泪，走出了房门。

"母亲！"我朝着在洗手间换衣服的母亲大喊，母亲听到后便急匆匆地出来问我怎么了。我二话不说，一头扎进母亲的怀中，久久不能自已，我贪婪地闻着母亲的味道，不舍得放弃，母亲抱住了我，什么话也没说。我们俩就抱在了一起，谁也没动过，我好想，好想时间就定格在这一刻，能够让我多一秒，一秒也好，让我去感受母亲的温暖在，和她在一起。

过了很久，我才回过神来，对母亲说了声我爱你，母亲也说了声我爱你，这时我突然明白了为什么母亲要这么做，心像是被狠狠地打了一拳，痛得无法呼吸。

我猛地从梦中惊醒，眼泪悄无声息地落下，看到寝室的旧样，我才渐渐地从刚刚的梦境中缓过来。

沉寂，一切都沉寂着，刚刚沉落的心也慢慢平缓。我不知道为什么会突然很想母亲，许是很久没见了吧。我抹了抹落下的眼泪，翻了个身，又睡去。

母亲啊，我是多么思念你啊，以至于在校园里不能见到你，我连做梦都会梦到你，我多希望能再多一点儿时间和你一起……

月光的力量

郑佳琪

夜幕降临，皎洁的月光倒映在那一望无际的江面上，江面荡起一层层涟漪。树叶在沙沙作响。瓯江路上只有我一人，十分寂寞，又伴着我的喘气声，迷迷糊糊的前方看见了一个身影……

清楚地记得那是个晚上，我说好陪母亲一起跑步，到了那一眼望不到头的瓯江路上，我们做了热身，准备开始跑步。

听到那跑步声，我赶紧跟了上去。

那悠长的瓯江路不像往常一样人声鼎沸，到处是散步的人，今晚只有那跑步声和树叶在作曲。

与母亲跑了一段距离时，我有些累了，脚步渐渐慢了下来，由跑变成了快走，与母亲的距离也慢慢地拉大了。

"跟上来，跟上来，要坚持，继续跑。"说完了这句话，前方母亲的身影也渐渐消失了。

那幽静的瓯江路上只剩月光还陪伴着我，那黑压压的云挡住了月光，真的只有我一人了。风又吹起了树叶，演奏出孤单的乐曲，让我想起母亲的那句话，我又有了动力——向前跑，向前跑……

这时，我渐渐地看到了母亲的身影离我近了，我便快速地跑到了母亲的身旁。

风拂过我的脸颊，带走了汗水，给了我清凉。

这以后的夜晚，每当我看到月光，就想到了母亲那些鼓励的话语，让我感到欣慰。

雨过天会晴

吴婉绮

在凄凉秋瑟的细雨中行走，寂寞是指尖凉和心底的痛。在这冷冷的夜里，寂寞不请自来，穿过肌肤，直抵灵魂深处！抬头望着一望无际的天空，不知是雨水还是泪水朦胧了我的双眼。静静地，我走进房间，坐在桌前，凝神看雨落，我拿起试卷看着那分数，再看看窗外的雨点连在一起像一张大网，挂在我的眼前，微风吹过，雨水飘飘洒洒地吹了进来，吹到了我的脸上，像轻沙抚摸着我的脸颊，让我觉得凉透了。我低着头看着试卷，看着那六十七分！心伤透了。

忽然门打开了，妈妈进来了，我低着头，不敢看妈妈的眼睛，悄悄地把试卷放到了桌子上。本以为妈妈会生气，但她却面带微笑地看着我，我心中充满了疑惑。妈妈意味深长地对我说："失败并不可怕，可怕的是一蹶不振。"

　　我点了点头，收起了刚才的失落，告诉自己：一次没有考好不算什么，还有机会努力啊。以后我们还会遇到很多比考试没考好更难过的事情，我们总要去面对，不是哭了就有用的，要努力，加油！争取下一次成功才是最重要的，相信自己！

　　妈妈走出了我的房间，我舒展着身体，将自己懒散地放平在床上，然后静静地倾听着雨滴落在玻璃窗上的声音。时而一点一点，如糖如饴，时而一串串，缤纷摇曳，如珠串，如水晶，点着快乐的音符，织成了一片蕴藏着生机的宁静。我感觉到愉悦，好像将自己带到了另一个地方，离纷纷扰扰的世界很远很远……

陪母亲看书

吴政豫

那是一个雨后的下午。母亲依然拿着一本书在那儿看着。我呢，则会在一旁陪着。

雨后的下午，空气是多么清新啊！能给人带来好心情，令人心情舒畅，神清气爽。阳光穿透过窗子照射到身上，暖暖的，十分舒服，十分暖和。阳光照射到书上了，不过这冬日的阳光是那么温和，一点儿不刺眼。

母亲右手拿着笔，左手按着书，看到好词佳句了，就动笔画出来，抑或者做批注，再或者概括本文的内容……好似一个学生！或许是在回想过往吧……看着母亲全神贯注的神情，再想想我……唉！惭愧啊！

当母亲看书累的时候，一定会闭目养神或者眺望远方的景物，再或者去回忆自己的花样青春。无论选哪一样都是无妨的。因为它们所达到的目的是一样的。

放松过后，母亲对我说："以铜为镜，可以正衣冠；以古为镜，可以知兴替；以人为镜，可以知得失。这是在魏徵走后，唐太宗所说。魏徵为什么肯为唐太宗尽心尽力呢？"当时的我肯定是一问三不知，答案也可想而知："不知道。""因为士为知己者死啊！"母亲回答道。

这对当时的我，定是无法理解的。直到今日也才懂得其中奥秘。懂得其中的奥秘定然是靠多阅读了，阅读既能丰富生活又能丰富知识面，何乐而不为呢？

爱是一杯奶茶

遇　让

在一个寒风凛冽的冬天，他走在回家的路上。寒风呼啸着，伴随着的是白色的雪花。

风吹在身上，冷得刺骨，它带来的绝不是生机、活泼；它带来的仅仅只有荒芜，孤寂罢了。

雪花缓缓地落下，在空中跳着优美的舞蹈。这或许是对他孤寂内心唯一的安慰与安抚吧。

再往四周看去，树无一不是光秃秃的。这也让他对父母没来接他，让他独自一人回家的做法产生了抱怨。因为走出校门的那一刻，旁边的孩子无一不是跟着父母回家的……

回到家中，或许对他那孤寂的内心有一丝丝的安慰与安抚吧。他或许想跟父母讨个说法，但其实一想，这是没有必要的，因为他们真的是太忙了，太忙了……

他放下书包，正准备写作业的时候，门开了。走进来的正是一位中年男子——没错，这位中年男子正是他的父亲。

他的父亲并未说什么，径直向厨房走去，这又使得他的坏心情雪上加霜了。过了一会儿，接踵而至的是电烧壶的声音，然后他的父亲便向电脑走去。这些事情真的平常得不能再平常了，这莫过于做一天和尚——撞一天钟罢了。

这电烧壶的声音，使他的心情变得更加烦躁，即便这个声音微小得不能再微小了。但它那令人烦躁的性质是不变的。

"噔"的一声，电烧壶中的水烧开了。他呢，也解脱了。

他的父亲又一次径直向厨房走去，但唯一不同的是，厨房中竟飘出一阵诱人的奶茶的香味！

他依稀记得，父亲是有糖尿病的，怎么会喝奶茶呢？算了，管他呢！

一阵阵脚步声传来，并且愈来愈大。一个熟悉的声音传了过来："儿子不好意思，今天由于太忙了，所以没来接你，这奶茶就当作补偿吧。"

他热泪盈眶，但为了不让父亲发现他的眼泪，他悄悄地抹去了眼泪，此时他有许多话想说，但，却怎么也说不出口……

父爱如山，即是如此。你的父亲或许会做些让你不能理解的事。但他们都是爱着你的，这一点是毋庸置疑的。尝试着去理解他们，谅解他们吧！

我陪父亲打球

王帅力

　　雨后的天气凉爽，很适合运动。于是，我们一家三口总动员——去打球。

　　我和爸爸走在前面，妈妈走在后面，她听着我和爸爸聊天，一直笑语吟吟，却并不说话。

　　在有说有笑中，我们到了篮球场，已经有人在打了，我和爸爸赶紧冲过去，爸爸像年轻了十岁，妈妈也想去，但是看看我们，笑了笑，就不去了。

　　我和爸爸打得十分开心，爸爸老了，身材不像年轻时那样挺拔，岁月如同一把杀猪刀，在爸爸的额头上留下来"到此一游"的标志。但打球技术却越发老练，"儿子球给我！"爸爸接到球就来了一个三步跨篮，但我明显看到爸爸的错误。

　　"爸爸，您错了！"妈妈给了我一个赞美的眼光，我

最初的本真

立刻有了信心，"应该是这样！"我立刻演示，站在两分线内，走两步，跳起，手往上托，球进了。我的动作像平时走路一样自然。"儿子，是我错了。"爸爸重新做了一个正确的。

我看向妈妈，妈妈同时也看着我，并且投来赞扬的眼光和灿烂笑容，我不禁也笑了。

不早了，夕阳就着云彩，安详地睡去了，而这一幕，却永远不会睡去……

因有你的陪伴

陆　月

　　世间万物皆需要互相陪伴，互相关照。就像夜空中的星星一样，若没有漆黑的夜晚，怎衬托出它的明亮？怎衬托出它的别具一格？而我，只因有你的陪伴才格外温和。

　　他的个子高高的，头发黑而亮，脸是那么大，但炯炯有神，那别具一格的眼神，衬托出他的不一样。

　　他也是挺爱运动的，因为只要有打篮球、打排球，那就一定会看到他的身影。

　　我依稀记得，我和他的关系是从五年级时才变得那么要好，那么的铁……

　　即便关系再怎么好，再怎么铁，也是会有些摩擦的。

　　那时是排队伍做早操的时候吧，因为我较早出来，便把那关着的门用力推了一下，可谁知，他径直向那门走来。一头撞上"铜墙铁壁"。他捂着头出来，气愤地问：

"是谁推的门？"旁边的同学都指着我，这回我只能认了。我小声地说："嗯。"他头也不回地走了回去。

这时是没法叫老师来处理纠纷的，我也只好硬着头皮跟着队伍下楼做早操去了。耳边忽然传来椅子倒地的声音，我心想：应该是我的椅子吧……

做完早操回到教室，也是证实了我的猜测。于是我又心想道：不就是撞了个头吗？至于吗？紧接着，老师便来处理纠纷……

人生道路上不可能是一帆风顺的，一定会有磕磕绊绊。但很多人都只因为那些磕磕绊绊而过意不去，从此与一个好朋友失之交臂，这显然是得不偿失的。因为没有了朋友的陪伴，就像花儿失去了太阳一样，没有光彩，孤立无援……

路

森 舟

直至今日，许多人与事早已淡忘，随风飘零，但唯一留在记忆里的，那条公园的路，却无法抹去。

从我记事开始，这条路就一直存在。小时候和爷爷奶奶住在一起，平时他们有空，就会带我去家旁的公园玩。那时我去公园的唯一目标便是那些娱乐设施。于是，这条小路就成了我通往乐园的捷径。

踏上它的时候，我的心里就会有种落实感，有种熟悉感，有种快乐感。每次来到公园玩乐时，我都会不自觉地盯着小路发呆。我的童年有过太多的幻想，其来源就是这条小路了。有时，我会认为这是一条接待外星贵宾的红毯。所以总会不时望望天空，注意着天上的异样。有时，我会认为这是一条通往仙境的神秘小路（因为那时我还没走到过尽头），以为尽头会有什么不为人知的小精灵在那里生活着。有时，我会认为这是一条能治愈心病的小路。散步时，总觉得一切烦恼都没了，像是清空了一切，散完步后，心中只剩下舒畅。当我觉得心中烦闷时，便会跑到这条小路上来，自己慢慢走着，将心中的不舒服无声地向小路倾诉。这条小路，是一位很好的倾听者，它会静静地听着你的诉说，像树洞一样，保留着你的心事。不舒服说出来后，人自然也就舒坦了。这条小路承载着我儿时的记忆，还有那份童真。

上了小学，我就和父母住在一起了，虽然已有三四年没去看望那条小路，但在我五年级时，这条小路再次进入我的生命。母亲是喜爱散步的，她鼓动全家一起去散步，说是为了健康着想。我受不了她的"念经"，也就参与进去了。晚饭过后，母亲就会带着我去公园散心。

重新走上这条小路，就像与老朋友重逢一样，心中有着无限感慨，既兴奋又激动。那久违的微风吹拂着我凌乱不安的心绪。

现在，公园里的风景，是越来越耐人寻味了。走在小路上，绿色总是会映入眼帘。抬起头，树影婆娑。若是有太阳，便会看到阳光被剪得零零碎碎，照射到你的脸上。若是走得久了，便会时不时闻到一种清香。这股清香好像能钻入你的身体，在里面扩散着，沁人心脾，让大脑得到一种莫名的舒缓。再转头看看河边，碧水流淌着，像是一块纯粹的绿翡翠。清风拂过，水面会激起一圈又一圈的涟漪，看着看着，人好像就会融进去。

　　这条伴随着我成长的小路，以前的点点滴滴，大多都是在这条路上度过的。过往的岁月在这条路上无限地被延长，它还拥有着我无数美好的回忆。

　　小路啊，你可曾还记得有一个小女孩儿跌跌撞撞的天真的样子？还曾记得有一位少女步伐稳健地褪去幼稚的样子？

外婆·杨梅

高 哲

"杨梅酸、杨梅甜，杨梅树下有笑脸……"又到杨梅成熟的季节，儿时的记忆也纷至沓来。

小时候，我最喜欢去外婆家，因为在外婆家可以吃到我最爱的杨梅，而且不管我吃多少，外婆也不会说我。

"外婆！"我每次到外婆家都会叫她，给她一个惊喜，而她也每次都笑眯眯地来看看我。正好，外婆拿上了摘杨梅的篮子，我们便一起出发了。

外婆家和后面的山上都是杨梅。一大片一大片满是。一路上，松鼠在树上欢快地蹦着它那轻灵的身姿，鸟儿在枝头欢唱着，连蝉也在鸣奏着一首欢快的交响曲。我们走到了一座寺庙前，外婆笑眯眯地说，穿过这里就可以到了，可我走不动了，只好休息一下。山顶上风景比山下好，风也比山下大，给炎热的夏天带来了一阵清凉。

穿过寺庙，我隐约看见了杨梅，便一下子什么疲倦都消失了，把外婆抛下了老远，直到外婆笑盈盈地喊我的名字，我才停下。

哇，这里的杨梅又大又红，大得好似乒乓球，红得好像那晚霞。外婆便一个个摘。而我呢，看见一个大的，红的，摘了就吃。甜甜的味道冲向了我的味蕾，久久不能散去。外婆见了只是笑眯眯的。

外婆的篮子已经满了一次又一次了，可我的篮子都空空如也，我还偷偷吃了几个外婆篮子里的。

我们从早上摘到下午。摘得差不多了我们就回去。如果太多了，外婆会泡杨梅酒分给邻居们。我吃得起劲儿，还经常把还没吃完的带回家。

可如今，外婆去了外地，不在家，去了也没人，更别说杨梅了。杨梅树虽有人看管，也可以和父母去摘杨梅，但却没有与外婆一起去摘杨梅的快乐、开心和自由。

外婆的笑脸、杨梅的乐趣只能永永远远地在梦里追忆。

那条青石街

朱芷漪

每个人的童年都充满乐趣与色彩。我童年的乐趣，都刻在了那条青石街上。

自上小学之前，我都生活在外祖母家。而外祖母家门口，有一条铺着花花绿绿石子的小街。不知为何，我对这条小路有着莫名的向往。

小时候我非常调皮，小巷上的人家都有所耳闻。外祖母忍受不了我的淘气，干脆给我取了个小名"皮皮"。

我每天都会跑出去玩，和这家的小朋友打打，和那家的小姑娘闹闹。渐渐地，他们也被我带熟了。我们就像这条小巷里的一个组合——我当然就是队长。我喜欢脱了鞋在青石街上跑，凹凸不平的青石，弄得人脚底板发痒，但我却喜欢这种感觉。我在青石街上跑着，笑着，微风吹起了我的头发，阳光洒在我的身上，左邻右舍用怜爱的眼光微笑着望着我。

这一幕幕像电影一般在我脑海中闪过，童年的趣味便是如此吧！

当然，童年不一定会被完完整整地保存下来。多年后，我再次回到青石街，这里变了。一切的一切都发生了变化。当时紧挨在一起的小房屋不见了，取而代之的是一栋栋高楼；凹凸不平的青石街也变成了平坦的公路，当我踩上去时，心中竟有一种莫名的心酸。

曾经的简单却又不平凡的青石街，它给予了我最美好、最有趣的童年。它将成为我记忆中最重要的一页。

放学后的陪伴

钟逸言

小时候，还在上幼儿园的时候，每天下午放学时，爷爷总会来接我。

那时候，爷爷一把我带出大门，我就会央求着爷爷带我去街上逛一圈。爷爷就笑着说："好，好，好！"接着我就跟爷爷念叨今天学校里发生的琐事：早上做操时谁谁谁有多搞笑，中午午休时谁谁谁又放了屁，下午上课时谁谁谁又被老师批评了……现在想想，那些事不过是一些就连我自己都觉得无聊的小事，但是当时的爷爷却能陪我一起笑得那么开心。

每当我想不出好玩的事情可以跟爷爷说的时候，爷爷就会把我话题接下去说："小时候，你也是这样整天嚷嚷着要上街去。我每次把你抱到街上去，你却又睡着了。"爷爷说的那个"小时候"，指的是我的婴儿时期，如今想来，也确实很好笑。

走着走着到了街心口，看着这边很好看却不想要的衣服，再看看那边很贵很想要的玩具，最欣喜的，还是肉松面包。那时候的我，不奢求薯片、巧克力，不渴望饼干、饮料，只奢求每天放学时爷爷去面包店买一个肉松面包。虽然那大大的面包只有一点点肉松，但是味道很好，

回到家时，奶奶已经烧好了满桌的饭菜。爸爸妈妈常年在外地工作，所以那时对于我来说，最亲的家人莫过于爷爷奶奶。屋里是蓝紫色的天，屋内是我和我最亲的爷爷奶奶。

后来啊！我上了小学，那时我已经能自己回家了，虽然放学时没能看见爷爷来接我，但回家时能看见我最亲的爷爷。对当时仍稚嫩的我来说，够开心的了。

再后来，爷爷中风了。右手和右脚都不能动了。再后来啊我小学毕业，但在那个暑假的中午，爷爷吃完饭去午睡，结果睡下去再也没醒来了……

现在，每到双周放学回家时，虽然看得见奶奶，但是心里仍不是那滋味。

有爷爷陪伴的滋味，就是不一样。

秋 的 声 音

伏雅澜

　　当第一片树叶飘落，大自然正式宣布那如诗如画般的秋来了。秋，给人太多的遐想，也为人们奏响了一曲曲动人的乐章。

　　听，清澈的小溪正"哗哗"地流淌。那溪水碰撞石块发出的清脆声，如鸣佩环，像一曲欢快活泼的童谣。这，更显出此时季节的分量。那流水，逝去的仿佛是光阴，虽没有"大江东去"那宏伟的气势，却实实在在，触动心弦。

　　听，那片片树叶落下的声音，"沙沙……沙沙……"仿佛是秋在轻声叙说什么，那么神秘——他是秋的象征，秋的使者。是的，秋天硕果累累，充满了丰收的喜悦。但在衰败的老树下，人们是否都同样颦眉拂去肩头的落叶？枯黄的叶儿孤独地飘落，有多少人人会关心它？有多少人人会在乎它？又有多少人注意到了它"化作春泥更护花"的品质？它已逝去了往日的风华正茂，而刺眼地显示出了一个"秋"字。那低沉又略带悲伤的声音怎能一个"凄凉"了得？

再听，那雁儿南飞时发出的响亮叫声，一次次、一声声盘旋在一碧如洗的空中，回荡在我们心里。透过那沙哑的声音，我感到它们对即将离开这儿的不舍。"我们要离开了，我们还会再回来的。"这叫声，是它们对这儿的留恋，是它们对这儿的不舍。

听，金黄的小麦在风儿的吹动下大片大片地晃动着身躯。它们的脑袋碰撞着，发出甜美的声音。辛勤的农民伯伯弯下身躯，看到自己一年的劳作有了收获，不禁无比喜悦。田野里，麦田中，传来的是农民开心的笑声，清脆、甜美。"春种一粒粟，秋收万颗子。"春华秋实，春种秋收。秋天以它独特的魅力展示于天下。秋的喜悦无处不在，欢声笑语到处都是。那爽朗开心的笑声便是这个秋天里最美的声音。

听听箫的声音

王宇琦

听说过一支曲子，用箫吹的，名叫《乱红》。我很喜欢这样的曲子，连曲名都带着浅浅的古典，让人想起"乱红飞过秋千去"的诗句，有一种穿越时空的美感。

都说箫声是带着一点儿幽怨与伤感的，听多了心会绕上一层或浓或淡的沉重，我勉强同意这个观点。因为每次听到箫声或想到箫，脑海中不可避免地浮现出一幅若明若暗的画面：冷月无声，山石嶙峋，霜雾缭绕。一个素衣翩翩的女子手执一支箫，寂冷地吹着空灵之音，紧锁的蛾眉，澄静的秋水，哀怨已经溢满整个空间。

是否是因为箫不应属于凡间呢？就似遗落红尘的落寞仙子，纵然带着点儿烟火味，却仍超然而空灵着。

听箫，我是不赞成把它当作休闲音乐来听的，我更爱偶然一遇。有那么几次无意捕捉到箫声，幽幽如一线清水流淌下来，身子不由得缓缓直起，唇角淡淡扬起。仿佛是在僻径处忽然一拐角，旧日相识正冲着自己浅笑，眉眼中仍是如昨日的淡然与优雅。

箫声是浸透沉静的一汪水，是织满哀愁的一只篮，盛满了希冀与倾诉。有一支名叫《追风的女儿》的曲子，恍然中冷云缭绕，衣袂飘飘，寒夜里的女儿用箫声追寻着那个唯一的知音，要寻觅到何处呢？是要寻到那去也未去过的西洲？还是那碧蓝碧蓝的汪洋？滴滴泪水，声声呜咽，箫完美地演绎着，如同一朵雪花刚落到梅花上，似化非化，不变的姿态与和谐美丽都恰到好处地凝集在那一点上。

都说笛没有箫的怨气。它似一只小粉蝶高高低低地飞舞在花丛间。笛尽可以欢笑，小家碧玉般的甜美。而箫呢，正是那独特的幽怨，薄雾似的笼着，绕着，仿佛走到哪儿，都在用那双欲语还休的眸子望着你，油然而生的怜爱和珍视，把这乐音藏在心底最柔软的角落。

箫声是最易令人浮想的，且似乎总与女儿，月华，风，霜，雪纠缠在一起，让人在这喧嚣的红尘迷网中，忽然冷静下来，回归悠远，换一身古典与书香，慢慢地品味，聆听，脱了俗的干净剔透。

听听箫的声音，如同与久别老友重逢，道一声："你也在吗？"而后，一起淡然微笑，洗尽铅华。

陪你梦回童年

方丽洋

每个人都是从一个三五岁的小屁孩儿成长为大孩子的。那种童年的感觉总是时时萦绕在心间。

就在上个周末回家的时候，我的小侄女正好生日，我正发愁送什么礼物，突然看到了积木玩具广告，便买了积木送她。那天我跟她趴在地上玩积木，我跟她一起搭家、搭飞机，我便不由得想到小时候跟哥哥玩积木的场景。

小侄女十分喜欢玩荡秋千，我把她放在秋千上，她就像放僵的小野马一样开心到飞起来，"咯咯咯"笑个不停。她的想象力十分丰富，拿着五颜六色的水彩笔画呀画呀。当她停笔的时候，我问："你画的是什么啊？"她奶声奶气、咬牙不清地说："这是小兔子，那个是花花！"我有点儿小惊讶，好吧！小孩子的想象力总是让人吃惊得有点儿可怕。

她喜欢唱歌，我就陪她唱歌。小屁股窝在大椅子里，"咿咿呀呀"地唱起了儿歌，一双白嫩嫩的小手在钢琴上比画着，一脸陶醉地听着自己的歌声，那简直就是迷人的小魔音呢。唱完还拉起我的手，求鼓掌。真的越来越喜欢这个"小团子"了。

　　唱完歌还嫌不够，让我抱着她去看电视，英文儿童片。我还没听懂几句，我这怀中的小团子眼睛都要盯进去了，看得那是一脸认真，魂都拉不回来。拍了两下她的脑门，却被她还了回来，敲着我的手让我不要动她，她要看动画片。

　　看着看着，某个小屁孩儿睡着了，连带着我被她传染，一起卧在沙发里睡着了。

　　就这样陪这个小家伙玩了一天，算不算再一次感受到了童趣呢？

那一刻，我的世界春暖花开

陈依蕾

与爸妈分别，在学校住了下来。临行前，爸妈拉着我的手说，在这里好好学习，我含泪答应了。

面对这个陌生的校园，我的心里是充满压抑的。一张张陌生的脸，因羞涩和不善言语，无法进入对方的世界。一霎时，我感觉到世界都是黑暗的。

只知道埋着头走路，一个人去食堂吃饭，一个人回寝室，一个人洗衣服。想到家，眼泪又不知不觉地淌下了下来。

又是一天，空气中夹杂着闷热，一次次的热浪铺卷而来，太阳挂在无垠的湛蓝色天空上，金色的阳光照射了下来。时而传来几声鸟鸣，那绿得发油的叶子，也随着风在树上舞着蹈。

多么美妙的时候啊。可惜在我的眼中，不是这样的。

心中夹杂着许多郁闷，仰望天空，好像上面布满了许多乌云，黑压压的，如同我的心情一样。我真希望现在能下一场暴雨，让那雨点化为我的压力与抱怨，倾泻下来。在校园中走着，便觉得难受不行，于是连忙跑回寝室，准备大哭一场。

回到寝室，空无一人。室内比室外凉快了许多，还有着昨夜空调那凉爽的余温。我打开空调，坐在自己的床上，思绪不知早已去向哪里。无人可以倾诉，只好独自一人。我只能感受到视线模糊了双眼，鼻子酸酸的。与以往的生活比起来，太不一样了，太不习惯了。

正当我准备下去拿纸巾时，响起了开门声。

我的室友们都回来了，她们看着我，顿了一下问道：

"没有吃饭？"

一个同学递给我一个面包，我有点儿难堪，因为我觉得我哭的样子确实是有点儿滑稽，她们也许会嘲笑我，或者不理我，而我最怕的就是这个。一个同学让我先下来。她对我柔声细语地说：

"没关系的。有难受就要说出来，闷在心里反而会难受许多。就算是喊出来，叫出来也没关系。我们会永远欢迎每一个人发出自己的声音。"

那一刻，我的世界春暖花开。

我感到异常温暖，世界不再冷冰冰，好像四处开满彩色的花。阳光照射进那厚厚的云层，阳光充满着大地。天空湛蓝，鸟儿欢快地唱着歌，我感觉开心了许多。

坚守的力量

追向 18 点幸福

王恋晨

当夕阳走进天空的舞台上,她旋转,她跳跃,甩出淡淡的红,一点一点渲染着幸福的色彩。有一个人,在渲染中渐渐被勾勒出轮廓。

那点淡红飘到一扇别致的窗里,那个人影奋力追去,却只能在窗外巴望。窗户锁了,只有够空气勉强挤进去的缝。

房间不大,一张木桌,几只木椅。新绿的墙发出森林和睦的气息,淡红很自然地与它融合在一起。又偶尔闹闹小脾气,溜出窗外偷偷躲在云后,忽隐忽现的咖啡色为这空间增添了一份深沉,却依旧活泼幸福。

这是我们家18点的餐厅,很幸福。

"晨晨,来吃饭了!"妈妈边炒着菜边欢喜地喊着,眼中满是幸福。我听罢,立马放下笔,还念叨着刚背的课文，来到餐厅。才坐下就操起筷子，眼神一飘，桌角是一束玫瑰，那是爸爸情人节时买的。

我曾经和爸爸在餐桌上浅谈过，那时妈妈不在。我很好奇地问他和妈妈的故事。他硬是不说真话，非说什么是在一个拐角他们撞在一起。我没有回应，笑声一串，心想着，骗人也太没有水平了，明明眼神那么复杂，幸福啊心酸啊什么都有，哪是一个撞见那么简单？

我想得入了神，举着筷子定在那儿。妈妈擦擦手后轻拍了我一下，"想什么呢？"

"没什么。"我回过神来，"爸爸呢？"

"哦，他在……"妈妈话刚说一半，我喊道："爸爸！"本以为爸爸还在书房工作，谁知他从厨房走了出来，原来他在帮妈妈盛饭，真是难得啊！

"哇，好香啊！"我抢过爸爸手中的饭勺，还坏笑着说："爸爸，我来，我来！"

到底是爸爸，一眼就看出了我的心思，二话没说就给我了。我看着他走了，悄悄用饭勺挖起了一口饭，刚刚碰到碗边又迁回入我口。顾不上细嚼了，趁饭还热乎先咽下，胃暖暖的，心也暖暖的。

等菜也好了，饭也盛上了，一家三口围坐在桌旁，满桌是幸福的香味，满屋是幸福的话语。

于是18点的幸福上映了，每天都上映着。

那个人影诉说着这一切，那么幸福，幸福得有些陌生。

　　她还说，留得住的是回忆，留不住的是时光。自从幸福奄奄一息，她不愿去相信，踏上时光的跑道，妄想凭一点点力量追回18点的幸福。

　　我告诉她："不要追回，不如向前看吧，追向18点的幸福。"

　　她微笑不语。于是夕阳落下了最后的幕。

走在乡间的小路上

周羽洁

　　第一次听到这首歌是在学校的音乐专用教室里。我很诧异，在如今这到处矗立着高楼大厦的城市里，哪里还有田野和乡间小路呢？直到今天，我踏进了这片充满泥土气息的田地里。

　　走在乡间的小路上。不要去想那么多事情，只需要闭上眼睛，用心去观察这一片安静的世界，没有喧嚣、没有烦躁，感受不到一点点紧张。看近处，看远处，像一幅美丽的画卷。田野还未苏醒，似乎笼罩着一层淡淡的薄纱；薄纱中可以看见大片大片的绿，这时候的绿是无法用语言形容出来的。是淡绿？是深绿？是浅绿？还是翠绿？都不是。那是一种像雾气般的绿色，荡漾着梦幻、摇曳与空灵，给人以最真实的梦境，好好享受它吧。

　　走在乡间的小路上。远处唯一的那片建筑渐渐远去了，太阳渐渐拨开清晨的云雾，田野上闪耀着一种金色，流转在每一棵树的树梢上，流转在每一片叶子的叶尖上，流转在每一朵花的花蕊上。我们的到来，仿佛有一瞬间打破了它，却又在即刻之间，重新运转起来。金色流转在我们的背包肩带上，流转在我们青春的脸颊上，流转在布满细密汗珠的鼻尖上。好好亲吻它吧。

走在乡间的小路上。这一堆是成熟到弯下腰的麦穗，那一堆是还泛着青色的麦子，真的很有趣。成熟的麦穗怀抱着沉甸甸的果实，像一位刚成为母亲的女子一样小心翼翼地护着自己的孩子，让风儿送来轻轻絮语，弥漫着一股爱的味道。未成熟的麦子，和我们一样，拥有着宝贵的青春，它们不懂衰老的忧伤，还可以在风中自由快乐地摇摆着自己的身体，无忧无虑地接受太阳的沐浴。好好珍惜它吧。

走在乡间的小路上。一不小心就会踩到沼泽地里去，也许还会跌进泥坑里，但没有人会抱怨着崎岖不平的路。好久都没有这么狼狈过了呢。或许坐着豪车在高速公路上奔驰极其舒服，但那只能给你转瞬即逝的快感，随之而来的是落寞；而在这崎岖之路上行走、奔跑，却能够体会到身体的放松，生命的活力。好好感受它吧。

走在乡间的小路上。一大片荷塘映入眼帘，荷花倒是败得差不多了，却满是荷叶与菱角，偶尔听到几声虫鸣。大家都起了兴致，叽叽喳喳地跑到采菱人那儿，你买几个，他买几个，那人又买了一袋。大家哪里是如此爱吃菱角了，图的都是好奇与新鲜劲儿。大多数人都是第一次见到新鲜的菱角呢！好好品尝它吧。

回去的路上，我戴上耳机再一次聆听了这首歌。

采 菱 人

孙颖秋

和同学在学校外的小河边走走。一片荒地中睡着一条瘦瘦的小河，里面满是绿色的植物。听同学说，那是菱。

绿油油的叶子如绽开的花一般立在水中。正欲蹲下身来，却见一位老爷爷在绿波中逶迤而来。

老爷爷十分清瘦，黝黑的皮肤泛出了时间的昏黄，年轮般的皱纹诉说着劳苦。手上沾着浮萍，却也丝毫没有要弄下它们的意思。黑色的塑料防水服散发着一股刺鼻的化学味。最奇怪的是，他坐在一个木桶里，他似乎是把这木桶当作船了，却也没有桨之类的东西。只有一个装菱的篮子，篮子里满是菱，青绿的，却不是褐色的。

同学看着船上的菱直截了当地问："爷爷，你这菱卖不卖？"

那个老爷爷一愣，然后笑着说："卖啊，卖啊，一斤五元。"

我心里一惊,这可比外面的菱便宜了一半哪!又是一惊,这外面的卖菱人大抵也是从这儿拿的菱吧,他们是赚了多少钱啊!不想算也不敢算。

老爷爷开始帮同学称菱,他把菱放在水里"哐哐哐"淘洗了两三遍,同学有点儿急了:"爷爷,不用洗了,我回家再洗吧。"

老爷爷不紧不慢地说:"不行,这脏了的菱怎么能卖呢。"

老爷爷掏出了一杆古董式的杆秤,开始称。称到一斤后,又抓了一小把放进袋子里:"孩子,送你一点儿,好好学习啊。"

默默地有点儿感动和悲伤。

外面的卖菱人,一两,二两,都是他们的心头肉,恭维的话说得耳朵都要生老茧了,他们穿着艳丽的服装,却一个劲儿地说自己的菱多么便宜,多么好吃。现在才知道,他们的利润是很大的。

只是可怜这采菱人,挥汗挥血的,却得不到什么大价钱。只欣慰他们依然相信世道,依然相信人心,依然用一颗纯粹善良的心去点亮漆黑的夜空。

小小穗·淡淡香

陆逸凡

穿上行装，束上马尾，带上小包，和"不走寻常路"的苏老师一起开启一段有趣的采风时光。

"出发啰！"在苏老师的笑容里，满怀激动、期待的我们出发了。走在路上，感受着大自然的气息，蓝蓝的天，白白的云和我们最纯真的笑。

跟着苏老师，难免会"误入歧途"。可是不一会儿，展现在我们面前的却是无边无际的稻穗。穗在秋风中慢慢摇曳，饱满的稻谷黄灿灿的，在叶子的衬托下格外显眼，那是直入内心的淡雅。田地里，任清香沐浴我，沐浴我的心。穗被风拨得"沙沙"地响，这一刻我沉醉了。沉醉在远离尘嚣的安静里，沉醉在稻穗遍地的金黄里，沉醉在秋风稻香的淡雅里。

沿着田埂一直向前走，我用拍照的方式将美的风景记录下来。田埂的另一边也是一道亮丽的风景。有嫩绿的卷心菜、深紫的茄子、发黄的毛豆，甚至还有很多说不上名的。田埂边白粉的小花装饰着眼前的一切，使得其明亮、活泼了许多。长队恋恋不舍地向前"蠕动"，谁都希望可以再在这个地方再多待一会儿呀！就一会儿也好。

"嘿，瞧我发现了些什么！"一个学姐很惊喜地说。循声望去，她的手里是一个已将近成熟的青椒，绿油油的。在那个大青椒的后面竟私藏了数个小青椒呢！"看！这边这边！""喔！快看这个这个！"苏老师看着我们找到的"宝物"们，欣慰地笑了，眼睛弯成了月牙儿。

鸟儿唱出一串串美妙而动听的音符，大白鹅、小鸭子也情不自禁地伴着我们的步伐。出了稻田，紧接着看到的又是另一种风格的美。

在路旁树的身后隐着一片碧绿。近看，原来是浮萍。在池塘的另一侧却是一朵又一朵可爱的睡莲。睡莲高傲地端坐在莲叶上，打量着我们这些没有通报就闯进来的陌生人。地上的草一块不连着一块，还有后面的满眼的野花野草。再转身，是一株已到深红的枫树，它又一次无声地提醒我——秋，来了。

结束了绿的旅行，看到一位年岁已高的老人正坐在一个有一块块木板拼成的澡盆里在水上缓缓前进。到底在干些什么呢？正值年少，好奇心极强的我们耐不住激动地走上前去。"爷爷，你在干什么呀？"一个女生轻声问道。

"我在摘菱角啊。"那个人将满满一船菱角的骄傲成绩毫无保留地展现在我们面前，饱经风霜的眼里显然有了一丝浓浓的自豪。就在这时，一群鸭子排着长队、扑腾着溅起水花，原本平静的水面荡起了一圈又一圈涟漪，它们却毫无知觉。

就这样在我们的欢声笑语中，在秋日的微风里，在沁人心脾的稻香里，我沉醉了……甚至还没有回过神儿来，采风就已经结束了。在回去的路上的车鸣声中，我不禁又想起了那块静谧、美好的圣地。现在，我好想还能感受到那悠悠飘来的稻花香呢！

田 间 的 秋

卞一章

田间的秋，是很美的。

那一条条田间小路，并不那么好走。往往是一不小心，就滑下去了，滑到田边，滑到水中，真是吓了一跳哪！那些草啊，那么调皮，前一秒还抱着你缠着你，下一秒又撒开手，猛地把你推下去——真让你想狠狠地踩几脚！可真正踏足下去，却还是于心不忍——罢了，罢了。于是，就这样，轻轻地，柔柔地，踮着脚儿走过去了。

很喜欢秋天的风，大概是因为秋风中有一种说不出的情怀。秋风拂面，淡淡的，香香的。甜甜的是桂花，淡淡的是稻香。于是，这两种香便随着风，缠在一起，飘到了人心里。真是忍不住伸出自己的舌头，任这香在舌头上萦绕。于是，就这样，就像吃了桂花糕一般，舌头也染上了这香。甜甜的，淡淡的，在这凉凉的风中散开，莫名的安心，莫名的快乐。

初秋时节，稻子还没有熟透，一片金黄啊，还隐隐透着那一点点旧时的绿。远方的几个农民，久久地凝视那片灿烂，就像看一群可爱的孩子，眼光里尽是疼爱。那一颗颗小种子就这样长成了稻子，长成了希望。金灿灿的，宛若碎了一地的金子。嗅一嗅，真香。它把它的故事，都写进去了啊。

一不小心，一脚踩进坑里了。同伴伸出关切的手，我却脚一蹬，手一抓，就这样爬了上去，弄了一身泥！伸手掸一掸，却禁不住发出一声爽朗的大笑，丝毫不加注意——大大咧咧的，一点儿也不注意形象！却在心里反问：在这么美的田间，我还要那"形象"干什么？秋天，不也是豪放粗犷的吗？忍不住，又是一阵大笑。

沿着那红红的枫，来到了一处小山坡。老师一脸神秘地说："这山坡里，藏着宝哪！"我来了兴致，一个箭步冲了上去，不是为了那宝藏，只是想看看。秋，这样大方的姑娘，竟也有藏在心底的细密心思！一步一步地走。然而，除了满腿的草屑和几张迎接我的蜘蛛网，我却什么也找不到。回头一望，却猛然醒悟，开在这山坡上的，尽是一团团像雾一般的小花。蓝蓝的，紫紫的，摇啊摇，真是让人醉在里面了。原来，这就是秋姑娘心中最美的梦啊！

山坡下，一处处靠河的草生长得丰茂，绿得有些胀眼。耐不住童心，直截了当地冲下去。呵！原来藏在那草里的，竟是清清的河水。鞋子一下子被打湿，透出的是深深的凉——吐了吐舌头，跳着跑开。回头再望一眼，草中恍若长出了一张嬉笑的脸。再望望湿透的鞋，摇摇头，就当是水的恶作剧吧！原来温柔的水，竟也有调皮的一面。

美妙的秋田之旅，就这样悄然结束了。再回头看一眼田野，嘴角忍不住挂起一个微笑——我爱那田间的秋，因为有了田，秋更美；有了秋，田更美。田与秋，就这样离不开了。

我是一朵自由的云

韩 冰

我是一朵自由自在的浮云

小巧的燕子从天空掠过，剪出了一朵小小的白云。白云在天空广阔的胸怀中自由地飞着，好奇地睁大了眼，俯视着大地上的一切。我虽不像浮云那样可以四处玩耍，但我认为我有着与它一样的心境。就是去散步，我也绝不会总是循规蹈矩走同样的路。我爱踏上人工小河旁的鹅卵石，躲进荫荫竹丝，透过浓密相间的竹叶，抬头看着浮云，会忽然感受到繁华城市中极具自然气息的一角，我的心仿佛也开阔起来，坦荡起来——就像浮云一样无忧无虑，热爱生活。

我是一只不愿屈服的弹簧

弹簧对于施加给它的任何压力都无所畏惧，相反它还会弹得更高，更起劲儿。我就是这样一只弹簧，在困难面前，我从不摇头叹息；在失败面前，我很少捶胸顿足。

我仍记得六年级上学期时，距期末考试只剩一个月了，不料班上卷起"水痘风"。为了避免传染，学校让全班停课两周。不承想，两周之后潜伏在我身上的水痘病毒发作，我还得再在家里待一个星期。眼看着落下的课越来越多，我心中不免有一丝焦虑。当我懒怠时，没有人督促我，但我想我还有力量，我还能努力，当我畏缩时，没有人安慰我，但我学会了逼自己迎难而上。一次次因痛痒而猛然睡醒，一次次在昏睡中无意念叨着课文，一次次因难忍而不得不停下手中的笔，一次次咬住牙，一次次又抓紧笔……最终，当我手执成绩单时，我见到了冬日最明媚的阳光，最动人的天空——就像弹簧一样，我坚持，坚强并胜利了。

我是一滴渺小的水珠

有时，站在茫茫人海中，我会忽然觉得孤独，感到渺小。面对在灾难中流离失所的人们，我觉得我的帮助微不足道；当面对各类名人事迹时，我会感叹我无法贡献出如此大的价值。对，我就是一滴渺小的水珠，融在大海里，并不出众，并不特别。少了我，地球仍在转；但如果少了所有人，世界又将会怎样呢？我感到作为一个小我，既是独立的，同时又是社会的一分子，唯有承担起应负的责任，做出全部的贡献，这大海才能永远澎湃。因此——我就像水珠一样，虽平凡，但依旧要活得有价值。

我就是这样的一个我，是那浮云、弹簧、水珠，不是那翠竹的叶，青草的根……但无论如何，我就是一个自由自在、不愿屈服、渺小却有理想的真实的最好的我！

我是一根火柴

郑秋琪

一根平凡的火柴。

是的，当我醒来时，我就必须接受这个现实——我是一根卑微到不能再卑微的火柴，只能用来生火，照亮或取暖，并且收效甚微。

或许我曾是林中的一棵树，看着自己身旁的茂密的枝和叶，在阳光下惬意地眯缝起眼，听风在树叶间摩擦发出的声响。那我的其他部分又在哪里呢？不知道。只是我不得不接受被切成一根小小的木条，然后关在纸匣子里的命运了。说丝毫不伤心那是欺骗自己，但现实只能用来接受，而不是抱怨。

好像火柴也是有三六九等的，也会向别人夸耀自己显赫的身世或经历。曾有一根火柴趾高气扬地对我说它在卖火柴的小女孩儿的篮中待过很久，怎么也算和文学、艺术、人性、社会什么的扯上了一点儿关系。也曾有一根火柴说它的顶端曾被一位贵妇无名指上几克拉重的钻戒不小心触碰过。说话时，我都能感觉到有类似于木屑抖动的声音。

但每当对面商店里耀眼的灯光在黑夜中亮起时，它们——那些平日里得意得都快烧着的火柴们，都默不作声或满脸的羡慕、嫉妒、恨："有什么了不起的。"或者是："要是我，比它们更昂贵，更耀眼！"我总是看着它们，波澜不惊。

"你这根火柴，怎么一点儿理想与追求都没有啊？"这是其他火柴们常对我说的，满脸的"恨铁不成钢"，似乎想把我撬开，研究一下我的火柴头里到底装了些什么。

它们所谓的理想是什么呢？嫉妒别人的成就，渴望被有钱人家买去或是摇身一变成为水晶灯？

天外也有天，人外尚有人，这样羡慕下去要到何年？火柴变成水晶灯，嗯，很有想象力。但这也只能"想想"，至于被谁买去，那又有何干。只要尽自己的努力，体现出作为火柴的最大价值即可。被富人买去，可能很久都不会有"用武之地"；而在平凡甚至困难的人家，那倾尽全力的摩擦，会带去多少温暖与知足的幸福？

那个刚刚开始下雪的冬夜，一个衣衫褴褛的孩子攥着一把旧巴巴的零钱，伸手指着我们所处的火柴盒。每根火柴都觉得措手不及，就连那些平时吵嚷着要快点儿离开的火柴都吓了一跳，还有许多火柴对这个未来的"主人"的贫穷表示极度不满。可十年磨一剑啊，在这小商店已积蓄了很久的力量，也该发挥自己的作用了，世事并不能皆由你选择。

然后发生了什么呢？——好像有些模糊了，反正我看见了属于自己的火焰，闪着灵动的光，也映着那孩子天真的笑，淡淡的，却温暖了时间。

好像，我不是一根火柴，我也许是一个人，也许是一只迎风轻轻哼唱的燕——不对，我就是一根火柴啊，一根平凡的火柴。我不会因卑微而妄自菲薄，也不会因为什么而盛气凌人，更不会有什么不切实际的古怪"理想"。我知道我要什么，我能做什么，而我也一定会做到。

有的火柴说，我是"异类"，并且一定是疯了。或许是，又或许不是。还有，"异类"到底是我还是他们呢？我无法得出答案，那么，就继续地，继续地，做我自己吧。

一根平凡的火柴。

船渡，心渡

韩雪怡

我突然明白：渡，不仅是乘船从此岸到彼岸那么简单。

时值初冬，天气冷得不像话，我又一次坐上了过江的轮渡。

我拒绝了躲在避风的船舱内，倚在了外侧的栏杆上。既然是来吹江风的，就不能怕冷。随着呜呜的声音，渡船驶离了渡口。天气很冷，甚至有些阴森。从渡船上看天，灰蒙蒙的，很阴沉，只有远方大桥上几点灯光明亮。

冷风扑在我脸上，我瞬间有一种掉进冰水桶的感觉。渡船却很笃定地向着对岸的渡口开去。渡船已行到江的中央，周围全是土黄色的江水和被寒风翻卷起的浪，一点儿都不美，只有说不出的汹涌和粗犷。我竟莫名地感到害怕，看着周围的波翻浪涌，我突然发现这渡船的渺小，还有我的渺小。

我就这样怀着忐忑的心情等待时间的审判，看着这船是如何到达彼岸的。

浪花是汹涌的，但它们扑向船身时却是又被阻挡着反弹回去，它们上升不到船的高度，自然也只能败在它的脚下。江面是宽广的，但这艘渡船一直望着目标，直线向前，好似锋利的宝剑劈开了难以逾越的镜子山。回头望去，只剩下见证了胜利的一道道水纹。

当船又呜呜着抵达另一边的渡口时，我看见了在远方大桥的灯光之上——璀璨的星星，我把悬起地那颗惊恐的心放下，笑了。

我试着去揣度一艘渡船的心。航行于江面，是它的选择，也是它的使命，是它还是一堆原材料的时候就造就的梦想。在江的面前，一艘船总是会恐惧的，但是只要它坚定了信念，不被江面的宽广迷惑，不被浪花动摇，不随波逐流，一心只向着对岸的渡口，向着对岸的目标一心一意地开过去，它会总会到达彼岸的。

人生也如一条河，我们的心也要学会选择。太多的动摇不过是我们在此岸与彼岸之间徘徊，心中的渡船没有坚定自己的航向。我们固然渺小，但只要有目标，就会渡过人生这条大河，驶向成功的彼岸。所以，我们要学会在众多港口中寻一个真正的归属，然后一心一意地向着那个目标迈进，不再被周遭的人和事迷惑，不再被困难吓倒，这样终会迎来属于自己的成功。

　　当渡船返程行到江的中央时，我怀着一颗温暖的心笑对江风，心中有无限的豪迈。只要我们心中的渡船有执着的信念，坚定的目标和一路向前的勇气，有什么大江大河，我们"渡"不过去呢？

　　我明白了，渡，不仅是坐船从此岸到彼岸那么简单。

遇见一片叶

俞　睿

岁月没有磨淡她的颜，反让它变得更加火红明亮！

——题记

妈妈说在生日那天采一朵花做成标本，会带来好运。怀着如此的梦，我外出游逛，发现在深秋的确没有比枫叶更火红的花了，于是那朵叶子便躺在我手上了。

她并不完美，有类似虫蛀的小洞和星星点点的黑斑。但很红，红得耀眼。我带她回家，因为手拙，索性把她夹在书里，但标上了日期。

那是很久很久以前的事了。

不久前的一个周末，我打开那本当年对我来说很晦涩的书——当然不记得她，当她掉出来时，我大吃一惊。

再看书角稚嫩的笔记，封尘的记忆才喷涌出来。我捡起了她——好轻。三年后，我们重逢。

我看她，她看我，我透过她可以看到斑驳的阳光。她原来厚实而红的叶变得透明而枯萎。岁月抽尽她的血，她真的好轻，好薄，像托着半片蝉翼。云云络络的络蔓纵横地结成一张网，勾勒出手掌的形状。但是她依然好似朝阳般火热奔放，红得耀眼。不，她已经化作火光，热浪逼得我后退又勾引我前进，火舌舔着我的心，醉了，醉了，拜倒在她的石榴裙之下了。

她让我心疼。她薄得像描纸，却硬撑起熊熊火光。憔悴着，笑着。她说，即使只有最后的一点儿力量，我也要燃烧。我看到她血红的衣装后，一张苍白的脸。

岁月无情。他抹去你我的记忆，让其沦为陌路；他抹去花名册上的一个个名字，包括她。她倔强地不肯离去，但不可以。他舐去她的血，吞去她的肉，他掳去她的肉体。但什么在燃烧？她的精神！她的灵魂！火光会越来越大，思想永不停息。

重逢时，不知她已如此坚强。你……好啊。你看到窗外明媚的春花了吗？它们好艳好美，它们属于与秋相对的另一个季节。别羡慕它们，它们不会燃烧。

突然觉得自己说了一句废话——它早已不为别人的赞美而活了。

或者说，她死了，但她的思想还活着。

氤氲许久的泪终于落下来了。我本想把它塑封，让她在桌上陪我一起遐想，一起旅行，转念还是算了。我把她夹进一本厚厚的晦涩难懂的书里，著上时间，合上，放进书柜里。我宁可把回忆重新塞回阁楼覆满尘土的木箱，等待下一次无意打开时的震撼与感动。

　　期待2020年再一次遇见你。

遇　见

郭琳媛

我早就注意到了学校的草地，早在一个阳光肆意的午后。

这样的遇见，不是偶然，而是必然，每天如此。

我蹲在跑道边，细数足球场边缘的小草，稀稀疏疏，夹杂几棵未长成的蒲公英，风吹也吹不散。

宽大的足球场，泥土被阳光烘烤得干燥。初夏原本是属于绿的，然而，在一大片褐黄中，绿只是星星点点，有些地方竟是寸草不生。我一跺脚，尘土飞扬。

绿啊，是我们束缚了你的自由吗？

我们每天在你的地毯上奔跑，你却更加虚弱。那细微的绿，变得憔悴。在一次次不经意间，我又踩踏了你，尽管之后是多么的懊悔与自责，但我们需要你。在我们的哀求声中，你又选择了妥协，默默为我们付出。

抬首，碧澄的天空下是一片金黄。

我记起，那是学校外边的一块稻田。那里无人问津，也没有人去打扰，稻草一寸寸地向上，很高。它们不需要外表的华美，只是自由地疯长，蓬勃地向上又向上，遮蔽天日。绿，我知道你不会那样做，你虽渴望自由，却放弃了这个机会。

好友总是说要与我在绿草如茵的小坡上晒太阳，我们寻了一处地方，躺下。没有想象中的那种松软，只有泥土的硬和凉。我知道你就在我们身旁，只可惜你的渺小，成了我们的叹息和向往。

轻轻地嗅着，亦有草香。清新扑鼻，却也只有俯下身子才能闻到。

这时，我们又怕压坏了你，赶忙起来，掸掉身上的泥灰沙石，能看见一片草叶被带到身上，也是惊喜中的惊喜。

绿啊，我想要还你自由。

我遇见的，是那可爱的绿。

是微小却又顽强不屈的绿。

绿，你无法给我鲜明的色泽和茂密的柔软，是否能在精神上给我一个悄然逝去的春天？

坚守的力量

〈〈〈

人生若只如初见

张雪妍

　　如果一切都如初次相见，没有过深的了解，只有未知，只有所谓的印象，那该会是如何？也许只有初次遇见的美好，抑或是只剩下不愿去揭开的悬念。

　　那是我第一次特地去茶馆坐下点一杯香茗静静品味，其实是有些拘谨的。因为那里是静谧的，缭绕着淡淡清香的氛围，与我这样一个沾凳边的时间不超过几分钟就忍不住去"活动""活动"的人，似乎有些格格不入。

　　一切没有如我想象的那样清逸、悠闲——拿一本书，找一张靠窗的座位坐下。只是，我只是匆匆地挑了张空位坐下，匆匆地点了杯红茶，连背包也未曾放下，更别说拿一本书细细赏读了。我是那样匆匆，然而茶馆的节奏是那样的缓慢，仿佛是谁将一个小桶挂在了时钟的指针上，让一切都跟着慢了下来。那里的一切都是慢的，不像是平常经常出入的面包店，那些收银员在看见面包都就随即报出了价钱，然后当你掏好钱时，面包已经打包好递到你手边了。

　　再次抬头时，面前已是一杯红色的香茗，茶盖虚掩着，缕缕茶香攀着杯沿流了出来，似一泓清泉溢过心脾远处。我轻拿去茶盖，在杯沿边稍碰两下。向杯内看去，只见几根干沥的红茶叶柄在水中盘旋着，荡起清澈的而又微带黄红的茶水。它们先是竖立着旋转，像舞蹈的芭蕾舞女以脚尖为圆心，画着似有几何之美的圆圈。然后，它们仿佛是累了一般，迎合着茶水的小漩涡最终躺在了杯底，静静地不带一丝波澜。

　　茶香弥漫在空气中，我那焦躁的心也不知在何时已沉淀下来，陷入了深深的思考之中。我不也如那茶叶一样吗？随着时代的潮流，时代的节奏，时代的一切变化，而改变着自己的姿态，盲目地走在人群中，不自觉地跟上人群匆匆的步伐，却忘记了其实自己可以放慢脚步，观赏人生旅途中的风景。只有到最后，累了、倦了、怠了，才会停下。

　　这次我遇见了一杯香茗，却仿佛遇见了那个迷失在匆匆人群中的自己，品一口香茗，任清隽的茶香缭绕着我的鼻腔。我想如果当我作为一个新主儿，第一次遇见这个匆忙的世界，我并不会为此所影响吧。只是当我长成了这个社会的一份子，就很难再回到过去。

　　人生若只如初见，我将何去何从？

想想风里的事情

秋　雁

　　草原，那是我们来到的地方。确实是草，满眼的草，却不同于想象中的那样碧绿。有些微微泛黄，坚强地挺立着，不像是可以轻易低头的样子。倘若一阵风吹过，也难见"草低见牛羊"之态，只有你的皮肤能感受到那风。那苍劲狂野的风，完全不同于江南"袅袅兮秋风，洞庭波兮木叶下"，这也许就是蒙古人脸颊上常带有的红云的原因吧。

　　与同伴找一处平的地方坐下。直立的草尖扎得人脚脖子痒痒的，何不活动活动筋骨。不是不想，实是无奈。那放下来的风筝有些脆弱，而那草原上的风有些肆虐。两样有些违和的东西，硬是凑在一块儿的结果是：我和伙伴追着赶着那在地上匍匐前进的风筝，拼命地跑着。好不容易让那风筝飞上了天空，的确是飞上了天空，可那只是半句话，后半句是它又栽了下来，像是被那苍劲的大风吓得一下子又趴在了地上。于是不堪重负的风筝支架便"腰"折了。看向天边，五彩的风筝在骄傲地驾着劲风。那里没有我的风筝，健壮的少年驾着骏马在草原上奔驰，不时发出高兴的欢呼声。那里也没有我，我只是静静地坐着，任发丝在风中凌乱，不去想别的。

我和同伴还是坐在那儿，已经穿上了自己带的所有衣服，可还是冷得发颤。双手环臂，还是那风在作祟。它是有些冷傲的啊！也许是突发奇想，也许是想试试手机上新下的软件，我们拿手机拍了一段十秒钟的视频，说了几句话向家人报个平安。本以为效果会很好，可是当重播时，才发现只有风声和我们狂舞的发丝。同伴额前的齐刘海儿被风掀了起来，像一把刷子立在头顶，而我们说的那些话呢，早已经被风声淹没了。

那样苍劲的、狂野的、冷傲的风，自那以后我再也不曾感受到过。

一路书香，一路诗

闵文琪

结束了三门主科的轮番轰炸后，我满怀希望地抬起了头，望向黑板上的课表。第四节课的位置上用白粉笔工工整整地写着"美术"二字。我不禁叹息了两声：是自习课或是数学课吧。自开学以来，因为老师被临时抽调到另一个校区搞活动，我们班的美术课已渐渐成了黑板旁的海市蜃楼。

《茉莉花》的旋律突然响起，也把我的思绪拉回了课堂。我开始祈祷着班主任不要来占课，让我们能安安稳稳地上一节自习课。谁知，出现在教室门口的，竟是有一个月未见的美术老师。全班响起了热烈的掌声：我们的美术课终于回来了！

我们像终于挣脱牢笼的小鸟，一窝蜂地奔向花园。一路上，我们大声地聊着天、唱着歌，仿佛一切的压力都被抛到了九霄云外。

深秋，银杏叶已落得差不多了。银杏叶太小，踩着一地金黄的落叶，还没有松软的感觉。抬头望向那高大的银杏树，昔日金黄而茂密的大树只剩下了枝干仍在坚守着。仔细看，枝干上还挂着几片银杏叶，仿佛风一吹就要掉下来似的。可惜的是，一阵风儿吹过，那最后的几片叶子也纷纷落下。可我分明看到它们体现出的轻盈和快乐，在最后的生命里，那只属于它们的色彩也得到了绽放……真好，真好，人的生命也应该是这样的吧，哪怕在最后一刻，也要展现出最美的自己。望着眼前这棵银杏树，我出了神，生命的诗在心中吟诵着……

"好，开始画画吧。"老师的声音柔柔的，随风飘进我的耳朵，我这才回过神儿来，决定就画刚刚那棵银杏树。同学们懒洋洋地漫步在银杏树下，有的认真思索，有的惬意闲聊，还有的抓着笔杆对着树上下移动……又一阵风儿拂过树梢，银杏叶飘舞着。我想聆听叶落的声音，我想让时间永远定格在这一秒，就让我画下银杏叶最美的一瞬，画下忙里偷闲的同学们，画下这短暂却不朽的时光！漫长求学路上，竟有如此的诗情画意！

行走在这条求学的路上，原本以为只能与无数张导学案和试卷相伴，只能与一沓沓枯燥的书本相伴，心中有无数的郁闷。可又想起古诗词朗诵活动，我们深情吟诵，千古的诗意仍在胸中回荡，久久不曾散去；想起文学社采风，我们奔跑在希望的田野上，与风儿欢唱；想起传统文化讲堂，我们徜徉在古琴的世界里，与《酒狂》同醉；想起风景如画的校园，我们流连在这里……这样想着，一页页书卷散发出了沁人的芳香。

原来，这一路上，有缕缕书香，更有一首首唯美的诗啊！

闻一路书香，吟一路诗。我们，行走在路上……

走近了才知道

史明宇

原来以为，这只是一片普通的树林。来学校时天天路过这一片树林，却从来就没有在意过它。天天与其相见，却由于它的普通，不知不觉忽视了它，继而无视它。我从不知道这里有什么迷人的景色——我也不想知道。

前几个星期文学社采风。老师告诉我们，要去学校附近的田野采风，我一开始很不屑——只是一片树林，有什么好玩的。

树林离学校并不远。不一会儿，就来到了树林那里。一开始以为，这里像我想的那样没有一丝生机。许多小草已经睡去，但毕竟是深秋，想要像春天那样充满活力，生机勃勃，就是天方夜谭。我与朋友漫不经心地走着，唯一的耐心已渐渐逝去，只盼着早一点儿离开这个阴森森的鬼地方。地上全都是枯黄的落叶，一点儿美感也没有，死气沉沉的，这些枯叶，让我的心情变得更加沉重。如果可以，我现在想立即掉头，用百米的速度离开这地方。

由于自己的不注意，我已经走到了树林的深处，离那种深沉的感觉近了。这时，我猛然发现眼前有一株蒲公英。这蒲公英瞬间吸引了我，我于是驻足观赏起来。那株蒲公英不愿像其他的植物那样，过早地睡去，融入大地深处的怀抱。它傲然挺立，希望在那冬天到来之前，多多观赏世界上秋天的美丽。它的品质，它的情操，如同它的颜色，洁白无瑕。不仅给人带来视觉上的慰藉，更有心灵上的震撼。

这时我一甩刚才的沮丧急躁的心情，开始变得高兴起来，开始走近，在近处观赏每一处景色。就在这时，一阵秋风拂过我的脸颊，伴随着的是刚刚十分安静的枫叶瞬间充满了活力，在风中飞舞。这秋风立即拉近了我与树叶的距离。这个时候我才发现枫叶并没有死，它只是在地上静静地等待着秋风的到来，来实现它们飞翔的希望。那火红的颜色不再是死气沉沉的，而是火红的颜色，是火焰的颜色，那飞舞的枫叶如同跳跃的烈火温暖了我的心灵点亮了整个世界。而这一切，走近了才知道。

现在我真正感到我错了。我抬起了头，迈着轻松的步伐，愉快地用心去走近这一片树林，这里我发现原来这树林的景色如此的美——苍劲的古松凌风伫立，淡红的野菊肆意生长，散发扑鼻之香；饱满的果实在树上摇摇晃晃……我陶醉在这迷人的秋景中，任时光飞逝，凭思绪飞扬。

　　原来生活并不缺少美，而缺少发现美的眼睛。留心生活的每一份纤细，慢慢走进，用心去观察，你就会发现，就会知道，它并不普通。

快乐源自身边的风景

王音原

快乐源自内心，但我的内心却始终快乐不起来。那一道道烦琐的数学题，真让人心烦气躁。听同学说花园池塘里的石头浮了上来，可以走人了，算了，去散散心吧。

真冷！沐浴着昏黄的夕阳光，走在毓园里，吹着瑟瑟凉风，不禁缩了缩脖子，抖了抖手，跺了跺脚。原本昏昏欲睡的头脑也毫无倦态了。

心，如何也沉静不下来。

走在木桥上，久久凝视那涟涟秋波，它们和着风，逐着浪，走向远方。

不知不觉，我似乎闻到了荷花所发散出来的清香，眼前浮现出一幅优美动人的荷花争放图。有的含苞待放，有的散开了三两瓣，有的还是个花骨朵儿，还有的早已看透人间繁华，渐渐远去。那朵朵荷花，那片片荷叶，那淡淡清香，将我内心深处的不安与急躁，洗涤干净，还我应有的宁静。

心，渐渐平静了下来。

回过神儿，发觉太阳已渐行渐远，荷花的踪迹早已无处可寻。最为浮躁的夏季，它的热浪，它的象征，已食尽人间烟火，从冷淡到发光、发热，再到享受盛放的年华，最终凄美地凋零，驾风远去。

其实，只要心是融合于境的，那么一切都将是美的。

要走吗？在内心询问着自己。走吧，试下。

先用左脚探了两步，右脚有些发抖。"扑通"，"啊——"我赶忙收回脚，定睛细视，原来是只蛤蟆，也许那是夏末的最后一只蛤蟆吧。掂量了半天，再次鼓起胆量，双脚径直地跨了上去，给自己打气，双眼却不由自主地闭了起来。慢慢地、慢慢地，我调皮地先睁开了一只眼，眨了眨，又睁开了另一只，却又快速地闭了起来。

数秒后，忽地瞪大双眼，直视前方，再次迈开步伐，却不同上回，而是直接瞄准目标，快速地奔到了对岸。站定，神定。回首看那踩过之地，只剩惊魂未定。

其实也挺好玩的吗！又来回走了几遍，发现当初的胆小是多么可笑。

心，渐渐快乐，贪玩起来了。

太阳却无影无踪了。

下课铃响了。恋恋不舍地回眸看那仙境般的美景，一个不经意的转身，却发现了一种虽平凡可见却带给我震撼的植被。它红红的，像枫叶，却更小，更美。

哦，原来快乐也源自身边风景！

春天的故事

秋　水

野浆果馥郁的气息"嘭"的一声在空气中爆裂开。阳光像金色的大鸟，扇起了阵阵暖色的风。绿疯了一般地滋长，蔓延，然后铺天盖地地袭来。

风在树与树之间吹出悠扬的笛音，像是来自遥远的梦的深处，就连音符也早已被梦染绿。打了蜡的天空，打了蜡的绿野，我在这片澄朗里，漫无目的地搜寻。

故事，从这里开始。

一棵树，准确地说是一棵枯树，正寂然地蜷在一隅，许是在发愣，抑或早已睡熟。总之，它只静静地栖于绿间，不发一言。

枯枝随意地铺着，像家中仓库里多年未用的旧麻绳般凌乱，毫无光泽。在茫茫白雪中，这或许称得上是别有韵致的一景，可这幕戏的背后，是或大或小，或淡或浓的

坚守的力量

115

绿。好比清雅的水墨中不慎落入几滴浓艳的油彩或是明艳的油彩中晕开一团黝黑的墨迹一般，极不相称，况且周围的绿中还缀着绛紫、鹅黄和丝丝粉白。

是的，它没有叶子，它的笛谱中没有音符，只余下五条线，空空荡荡的，痴望着身旁的一簇翠竹泛出油润的光亮。

一群青色的鸟儿闯进了这个故事。近了，近了，它们挨挨挤挤地停满了一树。恍惚间，我望见阵阵绿浪里，每只鸟都成了一片叶。它们为何而来？我不禁疑惑。

"每一只停在树上的鸟都是一片遗落的叶子。"有个声音这样对我说。

我抬头寻找那声音的主人，却对上一双墨黑的眼眸。是了，就是那一只，正静静注视着我的那只鸟。

青绿的鸟儿，遗失的叶片。鸟儿？叶片？我一时间有些眩晕。再看时，只有旁边树上的叶片轻轻地摇曳着。我轻笑着摇了摇头。

蓦地，感到衣角似乎正被不轻不重的力道一下一下地扯着。回转过身来，竟是一个身穿绿衣的孩子，澄澈的眼眸与那只青色的鸟无异。她的一只手中正捧着一叠绿色的纸片。

"这些纸片，是做什么用的？"我不禁脱口问道。

"它们不是纸片。"那孩子认真了起来，"这棵树丢了叶子，找不回来了，所以我给它送来了新叶。"

我不知该说些什么，只好自告奋勇地要求帮忙将这些叶子粘上去。不过，我用的是胶水，而她用的是比胶水还要黏稠，却干净透明的某种物质。

　　绿色的纸片火焰般在枝头燃烧，跳跃。那身穿绿衣的孩子站在树下，迎着风，发出点点的笑。

　　"沙拉——哗啦——"一群青色的鸟儿扑棱棱地飞来，落得满枝满丫。在一群鸟儿中间，我认出了那双墨黑的安静的眸。

　　谁说，这棵树的叶子早已一去不复返呢？

　　绿色的纸片，绿衣的孩子，青绿的鸟儿……我喃喃念道，合上眼，躺在这春天的故事里，不愿醒来。

在平凡中仰望星空

微 感 动

于黛蕊

生活本以平淡而讨人喜欢，同时也布满悬念，是一部尚好的电影。

既然电影有悲欢离合，那么生活中的小小感动虽不至于令人潸然泪下，却也应温情脉脉。

去食堂吃饭本是再平常不过的一件小事，一天中可以一笔带过，不会是浓墨重彩。但能在用餐时扑哧一笑也总比噙着泪水好得多，属一件幸事不是吗？

奔到一个窗口前，思忖了一会儿，正欲点餐，却被一声呵斥打断——"快点儿！到底点什么？"尖细的声音正是从一个"凶神恶煞"的大妈处传来。

原来是隔壁窗口。

一个五年级的学生被吓得愣愣地站在原地，不知所措地眨巴着眼睛，而大妈的狮吼依旧持续着。她的双手不安地绞在一起。

"孩子，点什么呀？没吓着吧，她那人就那样，习惯了就好啦。"我收回了目光，面前是一个大叔，微微笑着。

"噢，好好好。"我匆匆忙忙指了几个。眼看勺子差点儿到了另一个菜的地盘，我着急起来："不是不是，是旁边那个！"大叔也不像其他工作人员一样不耐烦，乐呵呵地给我重新装了正确的菜品，稳稳当当地将盘子端到了台子，滴汤未洒。

似乎是第一次，不是出于礼貌，脱口而出了一句："谢谢叔叔啊！"大叔先是愣怔，后又爽朗地答了一句："还谢谢呢，孩子，不谢啦！"话音未落，又欢欢喜喜地给下一个同学服务了。

我心头一暖，天气虽寒冷，却似乎有千万道阳光洒在心头，食堂大叔的微笑似乎是春风十里也及不上的。而大叔是否很久很久没有听过"谢谢"这一句朴实无华的话语。

如此这般，于双方而言，都是微感动吧。

黄鸟和麻雀

凌 志

　　后楼人家的鸟飞走有一个多月了，那是一只极漂亮的鸟——通体是鲜艳的明黄色，头顶长着一扇贵族气息的小扇子，黑溜溜的大眼睛，深色的尖尖的嘴，更有无比柔顺光滑的羽毛……可是它飞走了，这也怪可惜的了。

　　一个清晨，我随便瞥向了阳台，竟看见一团模糊的黄色，快速地掠了过去。我心一动，想必这便是那只丢掉的鸟吧，如果我把它捉回来……嘴角不经意间勾出一丝微笑。

　　听从一位朋友的建议，我买来鸟食，混上杂粮，装在盘子里，放在阳台外的空调外机上。第一天，我隔三岔五地看那盘子，始终没有盼来期待的小鸟。过了几天，当我几乎把这事淡忘了的时候，几只小麻雀，停在那里啄食。它们不是我想要的，但着实可爱，不忍把它们驱逐出去。

麻雀长着淡黄色的机警的眼睛，褐色的、有小斑点的羽毛，俊俏而又活泼的小尾巴。它们停在外机上，紧张地四处望望，再小心翼翼地啄一下食。慢慢地胆子大了，它们像点头一样猛啄几下，塑料盘子发出嗒嗒的清脆声响。我情不自禁地走上前去，它们却倏地飞走了。

之后塑料盘子一直放着，里面的食也一直满着，为那只美丽的小黄鸟，或许哪天它又会飞过呢？麻雀依旧每天来啄食，从两只到三只到五六只。冷冷清清的小阳台外瞬间热闹起来，我心里不知怎的涌起一股温暖。

那天早晨，它们第一次唱了歌，啾啾——啾啾啾，像是从闹哄哄、暖融融的教室里传出的。这应该是发生在刚打过预备铃的时候，顽皮的学生紧张而又放肆地说话。啾——啾啾，它们的声音空蒙而清亮，让人的心都一颤。我有走过去的冲动，可抑制住了：我不想成为那个一心要闯进小孩儿群的大人，扰乱这美的风景，让这群可爱的小生灵活在自己的小快乐中吧！

我喜欢邻居家的小黄鸟，因为它娇媚而新奇；我喜欢天空中乱飞的小麻雀，因为它平凡而可爱。这种棕黄色的再普通不过的小鸟，用天真、浪漫与对人发傻的信任，慢慢地融化了我心中的坚冰，成了我心中最美的风景。

如果不是偶然，我不会在空调外机外摆一盘子的鸟食，也许一生，我都不会发现这些可爱而美丽的小生灵。

满架蔷薇一院香

静　轩

成年人总是在寻找幸福。他们要的轰轰烈烈我不懂，我只知道，随性自然，便是幸福。

烟雨斜阳暮，竹笙曼起舞。在记忆深处，我仍记得她曾亲手为我簪上的小小的幸福。

午后，暑气仍余少许。风过，云翻，帘动，窗外的一树蔷薇，又几度盛放。四季更迭，她们仍在那里，裹了，再开。她是最美的蔷薇。倒不是那花真的有多么美丽，她说，她只是向往那花的不奢望，不强求。她曾为我簪过一朵蔷薇。

风刮得有些大了，我靠着窗坐，自然是惬意。哪知——那系窗帘的绳子丢了，窗帘就在风里荡着秋千，却苦了我，来来回回地钻。她安静地坐在我身后写作业，仿佛是平湖秋月般静美。我便尽量减小幅度地与窗帘"搏斗"。到午练时间了，窗帘不那么猖狂了。谁料，它是铆足了劲儿卷土重来，又是一袭翻动。我就在窗帘下，不安地钻，低着头写。

骤然，那窗帘止了。我想大概是它玩累了。可是清风却依旧忙不迭地送殷勤，凉爽不减。奇怪了，我左右张望，却看见一只纤小的手，死死地攥着窗帘。

是她。她无声无息地，抑住了这场风暴。只是，那纤弱的手，与巨幕般的窗帘相比，颇显瘦弱，她依旧是埋头用功，只是，要不时地看住窗帘，另一只写字的手愈显力不从心。

"放手吧，我自己抓着。"我回头看她。

"不要，你继续好好写作业。"她抬头，嫣然而笑，"我想，让每个人都幸福一点儿。"

我便不再过问，只是转过头，有些心疼她。

阳光倾泻下来，从蔷薇的幢幢树影中。系着花香，一并躺在我的桌上，脑海中倒映着她的话，目光抚过窗外的蔷薇。她们依靠着灰色的墙，点缀着灰色的墙，像她点缀着我们小小的幸福一样。那花色不艳，不烈，淡淡的，如水墨一般。像她的话，像被水洗濯过那般透净明亮。

我回头看她，手依然拽着不放，反而越拽越紧。指尖渗出了汗，阳光的颜色，蔷薇的颜色，映在她的眸子里。那一刻，仿佛韶华就停在她的脸上。发梢微卷，有花香停驻，氲着暖。窗帘，也挂着阳光的暖。

满架蔷薇一院香，她就是那样的女子，像蔷薇一样，随性自然，不奢望，不强求，幸福就好。

或许，蔷薇，就是那幸福的颜色，那天堂的颜色。那儿，是我们的天堂，只有我们才懂的天堂。

我最喜欢的一首歌

苏 米

《与你共乘》，一直在那里，从未改变。也许你不熟悉，但《天空之城》你一定听过，《与你共乘》是《天空之城》真正的主题曲，也是最合我心的翻译。

去年，老师给我们看《天空之城》，很感人的故事。在一曲《与你共乘》之后，同座的女生终于忍不住哭了。一开始只是小声地抽泣，眼睛略有些红，袖子在眼睛旁不停地擦着。再后来，她就将头埋在了臂弯里，伏在桌上，只能时不时听见几声哭声，看见她的肩膀抽搐几下而已。多年以后，想起那种被感动的单纯与善良，也会想起《与你共乘》。

后来，学业渐渐繁忙，生活如一潭死水，也没有了那种淡淡的温馨。春天的傍晚，我在赶作业，忽又听见熟悉的旋律，似柔顺的雨花石，心中一惊，是《与你共乘》，循着歌声，发现是楼下的小女孩儿在吹竖笛。她低着头，看着谱子，手指自然地跳起。微风吹过，她的发丝朦胧了脸庞，裙摆飘动，但她依然低头吹奏每一个音符，就像在轻轻嗅着一朵花的香。风渐猛，霎时，花雨满天，缤纷落下，随着风舞动，在女孩儿的身后翩翩起舞，画一般的美好。指尖流动的音符宛如花的洋流，难舍难收地装饰着我的梦。女孩儿的母亲倚在一把躺椅上，疲倦地睡着，安详地躺在花雨之下。偶有几片落在她身上，她浑然不知，美好流溢出来。原来，美的时长便是一曲《与你共乘》。

再后来，有一位音乐老师，给我们看了《与你共乘》的视频，八百人的合唱，久石让指挥。这位年老的指挥家，神态安详，欣赏着自己的作品。先是童声，稚嫩得像星星的光。接着，八百人同时唱。男声、女声、童声，高音、中音、低音，这种心灵的震撼不亚于将大海活生生地抛在了你的面前。同学们也只能说："啊！太震撼了！"这些简短的话，再不能完整地表达意思了。再后来，就再也没有这种壮阔感。

是的，我喜欢《与你共乘》，它在无息之中带给我美好，告诉我人世的幸福，教我懂得体会。

浅秋丝瓜凉

刘 岩

一次无意间的上楼，发现了黯淡已久的丝瓜。叶已发黄，败得动魄。

心想，若不是无意的一个眼神儿，会不会这一帘枯叶就被永远遗忘，被湮没在俗来尘往的喧嚣里呢。

细细看那蜷曲的叶子，黄中带着褐色的枯斑。风一吹，它动得小心翼翼。我看着，心中淌过一泓酸楚与怜惜。它究竟在涩涩晚风中，独自战栗了多久。它的卑微，似是低到尘埃里去了。一吹，就融进遗忘的版图。

想起，它也曾经有过属于自己的那段辉煌。暮色打在叶间的残花上，我仿佛又看见它开出的耀黄色的花和花下碧色欲滴的果实，像孩童的手臂一般长短，一般粗细。清炒了吃，籽大，皮薄；咬一口，全是汁，沁得满嘴清香。它自然迎来人们无数次的佳赞，翠绿的叶子晃得像一帘清幽。而那些美好也只成了往事，它不得不接纳自己衰老的事实。

我想起老年人常说的一句话："唉，人老了，没有用了。"再看看丝瓜，不由承认道。想来，应是无奈的一句。

也回想起去年上学那条路上的见闻。从学校门口到站台那一段路，天天放学走，也不倦。形形色色，琳琅满目，街边总有好多小铺。看得最多的是配钥匙的和修鞋的。一年四季，城市变换容貌，人却没有变。坐着，站着，靠着，固定的面孔，让人心安。配钥匙小车的杆子上总悬着黄色或橙色的放大的"钥匙"，不知是纸板做的，还是泡沫。每每经过，目光总离不开那横幅，那满下巴胡茬儿的人瞧见了就伸手正了正"钥匙"，没瞧见就应是在和烧饼铺的大妈交谈。那条路上似有数不完的小卖部，向外张开的玻璃门上挂满了红领巾和彩色的跳绳，还有多种贴画。说也说不完的事儿，比某某同学的学号记得还清楚。像是种慰藉，莫名地心安。

长大后，偶尔去那条路上买辅导材料或文具。却是再也寻不见旧时的记忆。路边没有小铺子，只是又停了好多车。路过以前配钥匙的人所在的小巷口，向里张望，空荡荡。那他现在又在哪儿呢？会不会还骑着小车，为人配钥匙？可能会，也可能不会。

春雨载过万红去。一种无由来的伤怀弥散开来。岁月碾过生命，那些琐屑慢慢沉淀入长河之底，骸骨了无踪迹，剩余一地空嘘叹。

　　丝瓜易老，那些残余的温存亦如此，难寻永恒。

　　我给丝瓜又浇了杯水，晚风呼呼吹，微凉。

步 摇 无 情

有 川

初次见到这种首饰，是在奶奶的床头首饰柜里。想象着奶奶戴起它的样子，一步一摇一生风，遂成步摇之姿。

识得步摇后，便时常让奶奶戴起来看看。她眉眼弯弯，笑道："头发少了，插不上去啦。"她撩开鬓角斑白的细发，别到耳后。我抬眼，是啊，头发是稀疏了。

那步摇，钗身在檀木的映衬下，泛着幽幽银光。顶端是只振翅欲飞的仙鹤，脚边有半开着的莲。花饰下垂着流苏，几根银丝下缀了盈盈翠珠。莲叶是绿的，玉珠亦是绿的。遥想当年，奶奶戴上，一定很好看吧。这步摇应是有情，浓缩了一位女子姣好的年华。

"奶奶，这步摇是你的吗？""是从祖上传下来的，多少年了。"原来是祖上传下来的。轮回了多少翩然女子，多少镜中朦胧的笑靥，不知。铜镜上映的容颜，笑望了几世春秋，亦不知。

奶奶说，她小时候就看到她母亲摆弄这首饰了。她说，太太戴上了，是好看呢。小时候，她也趁太太不注意，偷偷戴过一回。那时头发又少又黄，盘起来根本插不上去。长大了，和爷爷结婚时戴过一次，拍照片的时候，愣是把那步摇戴了又摘，摘了又戴。想来，是美好的罢。

她伸手托起步摇，流苏在她起茧的手上，摇动不止。我似是望见了她的婉转流年。只是，再美的年华，也经不住岁月的暗换。

奶奶老了，斑白的发丝再缠不上那根银钗。太太，抑或是太奶奶，她们是否也像如今奶奶一般，托着步摇，慨叹岁月，任白霜落满青发，不及当年笑靥如花。

有情？仔细想来，步摇终究是身外之物，应是无情。

时过境迁，步摇无言，檐前桂花败了又开。几代下来的容颜，匆匆过往，青发变华发，浮生常态。步摇自始至终一副模样，烟雨重重，模糊了人，竟明了钗。

若是有情，又怎会似不变的容颜面对人世前的枯荣，对于我们是否有些不忍。原来，陷于轮回的我们，与那些永恒，终只能擦肩。

那棵树·那口井·那些事

杨念仪

老家院子里有一棵银杏树。

我说不出它有多大年纪了。总之，它肯定很老很老。它有粗壮的主干，树皮一层一层地包裹着树身，泛出银白色的淡淡光泽。它有茂盛的树冠，一到秋天，金色的小扇子飘荡下来，打着旋儿，铺满了整个庭院，煞是好看。

银杏树旁有一口井，圆圆的井口，青砖砌成的井身。石头井栏已失去了原本的浅灰色，反而透出一种年代久远的玉白色，圆润得很。探下头去看，井壁上还有一丛一丛的青苔。井上总盖着木盖，以防各种虫子飞进去肆意妄为，或是树叶等杂物掉进去污染井水。木盖上还挂着一把黄铜锁，亮闪闪的。

我小的时候，总是在院子里玩。捉蝈蝈、拔萝卜之类的游戏玩累了，玩腻了，就想换个花样。那时候小，什么都不懂，胆子也大得很。有一次，在奶奶烧午饭的空档里，我跟着猫咪一步一步地爬上了屋顶，是紧挨着银杏树的小平房。在上面看着远处的村庄和田野，袅袅的炊烟，广阔的大地，好不快活！奶奶烧好了饭，遍寻我不着，抬头一看差点儿没喊出来——我正和猫咪在平房顶上爬来爬去。"安吉！你在干什么？快下来！"奶奶喊。猫咪一听，知道有午餐吃了，一个轻盈的猫步蹿下了屋顶。却苦了我，上得来下不去。奶奶急，就催我，我也急，一下子就跳了下来，奶奶冲上来接我，等了半天哪有人掉下来！再抬头一看，我在银杏枝上安安稳稳地趴着呢。树枝一晃一晃的，我笑得特别开心。

从那时起，奶奶就越发地对银杏树呵护有加——因为那是救了我的"英雄树"啊！

另一件事就纯粹是恶作剧了，说起来还是赖我太淘气。小时候看大人们拿着水桶，拎着绳子，一点一点地放下井，然后又一点一点拉上来，就打上水了，真好玩！所以好奇心作祟，我就趁奶奶睡午觉，爷爷去串门的空儿，鞋都没敢穿，就跑去院里。嘿，那水桶就放在井边！我小心翼翼地挪开木盖，提起水桶，一条直线地放下井去（以防打到井边出声），水桶一点一点放了下去，我的心跳也因为兴奋一点一点地加快。"扑"，"到底了！"我在心里说道。水"咕噜噜"地灌进水桶，我的好奇心也像水桶一样，"咕噜噜"地满足了。可事情并不是这么顺利。灌

在平凡中仰望星空

满了水的桶变得特别沉，根本拉不动。我使劲儿拉，却一点儿都拉不上来。"丁零零……"完了！爷爷的自行车响着铃铛回来了！怎么办！怎么办！情急之下，我一下子松开了绳子，"嗖嗖……"绳子从手里滑掉了，被桶拽了下去，"扑通！"我却什么也不顾，飞奔回屋，爬上床，拉上被子，假装睡觉。

等我睡醒，爷爷正在银杏树下喝着茶呢。看见我，朝我招手。我心虚，一小步一小步地挪过去。"安吉，桶好玩不？""哈哈，爷爷……"问题已经暴露了，但我还得装装傻丫头。"桶被你弄没了，打不了水，还怎么做饭怎么洗澡啊？安吉，你说怎么办？"爷爷笑着问。看到爷爷笑，我一下子放下心来，然后自信满满，胸有成竹地说了颠覆我一生聪明才智的话："那就用碗舀呗！"

"安吉，用碗舀呗！"爷爷到现在还喜欢用这话来逗我。"什么用碗啊，用勺子！"我也总会这样回答，然后爷孙俩哈哈大笑，相互保守着那个小秘密。

这么多年过去了，老家的银杏树更加粗壮，每年都结满沉甸甸的白果，老井依然清澈，装满甘甜的井水。那棵树、那口井和那些事，是我童年永不磨灭的印记，将永远埋藏在我心里，那么熠熠生辉。

老 街 素 描

杨舒文

很少有人能叫出它的真实姓名，有人叫它"土坝"，也有人干脆叫它"那条破路"。我承认，"老街"也是个颇无新意的名字。只因为夕阳里的它就像个老者，独坐不语，所以我一直这样称呼它。

这里应该是个被遗忘的角落吧，它不像东关街，"浩浩荡荡"地经过多次整修，打着响亮的招牌，成了扬州著名的旅游景点，客流量上千上万。它只是披着一身尘埃，静坐着，静坐着。路面坑坑洼洼，积水在阳光下反射出好看的光芒。

在老街上，漫无目的地走着。穿过它再左拐就快到家了，但我愿意多用一些时光在这里漫步，幻想着一些意外的邂逅。

路右侧有个老奶奶，戴着大大的老花镜，在卖桂花糕。白色泡沫箱子上用红色写着几个大大的字——"桂花米糕 一元十个"。只要三个钢镚儿便能买到三袋热气腾腾，白白胖胖的米糕，它们安安静静地躺在袋子里。老奶奶总不忘补上一句："趁热吃，香哪！"这儿的桂花糕从不涨价从不少量，手中捧着热乎乎的糕离开，就像捧着一颗热乎乎的心。

继续向前走，街左侧有个古玩摊。简陋的一块布垫子上头，是各样古色古香的商品——小小的鼎，还有樽、爵……想来都不是真品，却让人忍不住蹲下把玩一番。摊主是个中年男子，老实巴交的乡下人。你蹲下拿起一个看着，他也静静地蹲在一旁，憨憨地笑着，也不叫你买。你看完走人，他细心地将那些古玩归回原位。其实都是赝品，我没触到历史的脉搏，却触到一阵质朴的心跳。

"多味居"餐馆的门口竖着一张大牌子，引得我驻足观看："春季特色菜……"店里突然窜出一个小女孩儿："姐姐你要进来尝尝我们的菜吗？"我笑着摇摇头，看到她噘起了嘴，便拉起她的手笑说："我下次来吃好不好？"她真信了我的话似的，欢呼着跑了回去。喜悦的欢呼中，我真切地感受到一股暖流。

"捷安特"自行车店门前，老板正忙着修车。我上次在这买了车，却一直没骑过。老板看到我，居然还认得，老朋友一般打着招呼："上次买了车，怎么没见你骑？车没什么问题吧？""哪里有问题？我懒，不想骑。""不行，要骑啊，中学生不锻炼身体怎么行？""哎！"我应道。他回过身继续修车，我沐浴在夕阳的余晖中，霎时感到无比温暖。

还有山西手抓饼、武汉鸭脖飘出阵阵香味，让人禁不住流口水；还有一个老太折着纸钱，眯着眼坐在藤椅上，向每个行人灿烂地笑着；还有"万里水果行"缤纷的水果和路边菜摊上水灵灵的菜……我静静向前，穿过老街，仿佛穿过浓浓的馨香与温暖。

走着走着，又想起了东关街。其实两者相比，东关街历史更悠久，文化底蕴更深更浓。但在商业化的今天，它不可免俗地与金钱利益扯上了关系……我更喜欢老街的纯朴，老街的不加修饰。

更重要的是，这里跳动着一颗颗温暖的心。而在人情淡漠的今天，我们是多么需要一条街的温暖啊！走过老街，凝视着这里的每处景、每个人，是如此美好。

终于走出了老街，已是暮霭沉沉，天却不阔——高楼林立，只留下了一角灰灰的天空。

有些惆怅，再回头望着老街，感受那涌动的暖流，有种如释重负的轻松。庆幸在现代化的今天，还能有这样一条不受侵扰的街，还能有这样一群善良淳朴的人们……

穿过老街，心中永存一份厚重的温馨、温暖与踏实。

那 一 棵 树

魏子珺

那是一棵不起眼的树。

那是一棵很久长不出新枝的树。

那是一棵即将被砍伐成为木材的树。

这些定语，足以证明这棵树的微不足道。可是，有时候，渺小也可以是伟大的。

不知何时开始注意那棵芭蕉树，近似枯黄的叶子，稀稀落落的枝条，与那粗壮的树干完全成反比。这棵芭蕉树也矮得可怜，在树丛中完全是"鸡立鹤群"。第一次看到它时，我就给它做出了判断：又矮又粗，还不中用。

又矮又粗是它的宿命，已无法改变。有一天，我却改变了"不中用"的看法。

那天早晨，当我听见树上传来阵阵鸟叫声时，我还以为是自己听错了，或是幻觉什么的。可惜，这不是幻觉，更不是我听错了，而是真的。在那棵树上，不知什么时候栖息了一只鸟儿，还有一只鸟儿正忙于"搬运"一些枝条、泥土，准备在树上搭巢。那两只麻雀大小的鸟儿，透着窗户，用他们灰黑色的明亮的双眼望着我，似乎不懂我对芭蕉树的不满。我无奈地望着两个忙碌的身影，不禁叹息：祝你们好运吧。

　　不过，事情发生之快，更是让我措手不及。似乎是上天存心要捉弄这两个可爱的小生灵，第二天就刮起了阵阵大风。当我急急忙忙冲出学校时，已是晚上八点多。带着满心的焦虑与不安，当我赶回家时，才明白"只猜到开头猜不到结局"的生活的含义。事情与我想象的成了一百八十度大翻转：那棵看上去十分"颓废的"芭蕉树，并没有像我预想中那样倒下，只是掉了一些叶子，树上的鸟巢也得以幸免。相反，那些平日里看上去挺拔的树被吹得东倒西歪，枝叶也少了许多，还有两三棵不幸地"折了腰"。

　　或许是因为树干比较粗，或许是因为它顶住了暴风雨的考验，或许是因为它习惯了与命运搏斗，它留了下来，成了胜者。也许，并不是每一棵树木都能有用武之地，它们可能被观赏，可能被砍伐，可能被埋没。但至少，它们不是渺小的。可能树长得很丑，可能树矮得微不足道，但它们也能成为生活的强者。

　　这不禁让我想起了一个故事，一个同样关于树的故事。

那是一颗树种，但是它被风带到了一个阴暗的废砖堆里，从此与黑暗为生，它渴望阳光，于是它努力向上长，终于从砖堆中钻了出来。但是，它长得十分矮小，十分微不足道，因为它生长在废砖堆上。

但是，它并不自卑，而是努力向上生长，向别人证明自己的实力。终于有一天，它在暴风雨中坚持了下来，从此变得不再渺小，而是伟大。

这两棵树，同样不起眼，却同样在灾难面表现出了自己的坚强。它们不是渺小的，因为它们也能成为胜利者。

从那天后，我改变了看法。我不再无视那些看似软弱的生物，不再蔑视外表丑陋的生灵，因为，它们也能成为强者。

现在，我对芭蕉树的评价，有了大改变。

芭蕉树，是一棵勇敢的树，是一棵外形丑却坚强不屈的树，是一棵勇于同命运抗争的树，是我最敬佩的树！

在平凡中仰望星空

彭　茉

　　最近听过一句话，带来久违的感动："其实，我只想做一个普通人，平日里就和你们一样，晚上可以不用睡在陌生的床铺上看异地他乡陌生的星星。"

　　这位平日里我欣赏有加的朋友，在所有人看来，如同夜空中璀璨的启明星一样。他秉承了父辈过人的天资，又不缺自己勤奋的努力，在自己的人生轨迹上不慌不忙地走着，偶尔留下些令外人慨叹不已的足迹。一切在我眼中都近乎完美的他，最近却在偶然的一次聊天中带有些无奈地说，其实，他想做一个普通人。

　　是啊，做普通人。过普通的生活，交普通的朋友，甚至偶尔骂骂脏话，做些现在来说也许还算能融入年轻人的生活的事。可是，如同硬币的两面性一般，现实造就了一个天才，也同时毁坏了这个天才灵魂中平凡却美好的那一部分。不能像平常人一样每天简简单单地学习生活，奔走于各大领奖台之间，如同飞速旋转不停的齿轮，已被磨平了棱角，只是在妥协中继续着所谓自己高人一等的生活。

他曾说过，他喜欢看星空。因为夜空有我们都无法企及的深邃幽静，这是超越了俗世凡尘的另一种解脱，犹如在喧闹的霓虹灯中寻觅到了一个属于自己的宁静角落。

可我深知，他眼中的星空，绝不等同我们欣赏赞叹的那傲挂于夜中的星空。每个夜晚，每个时刻，我们就这样看着我们头顶的星空。我们知晓，那是织女星，那是牛郎星，甚至还幻想着他们终究合并成美丽爱情的那天；我们知晓，月朗星稀的日子是快要下雨了，天气变化多端得连它自己都无法预知；我们知晓，每一颗星星都是属于我们自己华丽的梦，我们小心翼翼地藏好，抱着他们入睡。我们不经常旅行，不经常远离，所以我们看天空的时间可以很长很长，看着看着，过了一夜就像是就过了一月一年一个世纪……

"我真的很想做一个普通人，平日里就和你们一样，晚上可以不用睡在陌生的床铺上看异地他乡陌生的星星。"一边在电话里听他说着这句话，一边抬起头看着窗外蓝和黑相互交融中那些闪光的精灵们。理性的你们想必都了解，其实每个地方所见，都是一样的星空。一样的织女星，一样的牛郎星，一样宛如垂钓于夜空中的彩带般的银河。可是，在不用每日奔波的普通人的眼中，每日陪伴我们的星星，似乎又多了些许令我们温暖的感觉。

　　普通人头顶的星空，远比那些不平凡者仰望到的更加美丽。如果现在的你恰好坐在窗前，当你抬起头仰望，会看到什么。原来，我们都有那么一大片属于我们自己的星空。普通但却美丽的，亘古不变的星空。

　　现在想想，我真的想和那位朋友一起，在平凡中仰望星空。这想必，也是他所向往的吧。

追 云

舒 云

有个词叫"云游"，真是再形象不过了。像云一样，漂泊不定，放浪不羁……我天天像被困在笼子里，隔着窗子看云，满心想着："啊呀！若我能变成一朵云随风飘游该多好！"不禁心旌荡漾。

周六下午骑车放松身心。天气晴朗得要命！这样的下午多么适合一路放歌，但我还未开口，车先出声了——它满身的锈，吱吱嘎嘎地响着。这架势仿佛我还没放松，它就先要散了架了似的！蓝天白云，和风丽日，把我欢畅的阀门一下子打开了。有人说："看有字天书须有一等的智慧，看无字天书则须一等的心情。"我昂首乱翻那一页页蓝天，然后就看到了云，一堆堆的云。

它们都仿佛被树枝钩住了，一团团坨在那儿，在阳光的烘烤下香喷喷、软绵绵的，让人想上去躺一下，又想咬一口。要是揪下来一团擦汗，脑门上没准还会留下一片阳光灿烂！幻想起来，这云是不是曾漫游天下？真想问问它呀！若我能追上它……

"喂——"那云开始飘起来了，我也开始加速，耳边呼呼的风声响起。可那云就是不停。但我停下，它又不走，撩拨一般："追上我呀！"于是又开始追逐。追追停停，停停追追……

这样的感觉多美呀！自行车吱呀吱呀地叫着，风把头发吹成一团。路上的大妈和老奶奶好心地提醒："慢些骑！"声音却已被我甩个没影。疯狂地向前，再疯狂地向前吧！世间唯有我和那云，仿佛在做平移运动，风景变了，点与点间的距离不变。

渴了，累了，但我不想停止。伸长手臂，也许再伸长一点儿就能够到它呢！夸父追日，我追云，在正常人看来真是"有毛病"，不自量力得很。可是他们又怎么能体会向前时体内蓬勃喷发的力量呢？其实夸父追的不是太阳，我追的也不是云——

突然捏住了刹车。前面是小池塘，车骑不过去了。云飞到了池塘上空，有些疲惫的样子。我气喘吁吁，却感到放松极了，也舒爽极了。

其实多少时候我们又何尝不是在追"云"呢？追名逐利，追一些仿佛遥不可及的梦想。但在追逐中，有的人发现自己，有的人迷失自己。都在追，却追到不同的结果。

云是放牧的诗人，云是流浪的岛国，是我一辈子也追不到的。但即使没有结果也要去做。因为我无法云游四海，那就让心跟着空中的云云游一回，放逐一回！突然发现我有夸父的血统，宁可在追逐中死去，也不愿静默不动，无所作为。我没法摆脱家与学校，作业与试卷，但我可以用一个下午放纵地追。

但，总是要回去的，骑着吱吱呀呀的车踏上归途。借用一句流行语："我追的不是云，是自由！"

游 狮 子 林

肖 南

五一的时候，我们家和舅舅家，约至苏州游玩。作为一个贪玩而寻求刺激的小孩子，自然是对苏州有着满当当的向往，而在扬州已见怪不怪的园林之类，虽是名闻遐迩，却丝毫打不起精神来，仿佛年轻的心，总是无法真正品味这些氤氲已久的古老事物。

舅舅选择了狮子林，我也没有说什么。只是直到走进园林前，心底一直凝聚成一种抵触而抗拒的姿态。我是一个不太心细的女孩儿，初进狮子林觉得和想象中的一样。造型各异的假山，拔地而起的树群和清澈得发绿的溪水。可是越往里走，越发现园林之大之精深。园内山臂环湖，湖亦围山，如入迷阵。"林有竹万固，竹下多怪石，状如狻猊"，听着那迸发着古代苏州人辛酸甜苦的故事，触摸着那一块块凹凸起伏的假山，漫步于被绿荫切割得束光斑

149

斓的小径，别有一番意境。渐渐地，原来的抵触也消失殆尽了，让心慢慢舒展开来，去迎接、去融合这清新雅致的格调。

导游对着茂林修竹奇石假山指指点点，任何一个角落任何一件器物都能点染出深层寓意来。也许有些是后人刻意编造的结果，当然也有些是真正依附在这座院子中主人的美好寄托与祈愿，它们并没有随人物的更替而流逝而消散，它们成为后人瞻仰之时最为慨叹的点睛之笔。园林在现在是景点，在古代是家。我在导游竭尽口舌的讲解中频频听见关于主人家的兴衰而建的有特别的意义的房梁，主人家为了讨个怎样的好兆头而划过的小径，主人家为了怎样寄寓美好的情感而特别铺制的地砖，一块石头在几代不同人的手下被雕刻成了种种形态。我忽然意识到了一个以前游玩园林从未记起从未注意过的一点：园林在古代是个人的家。

我在导游的解说词中听到了很多年前苏州园林主人在这里修养身心的故事，可如今来到狮子林，游人如织，假山丛中，芬芳园边，闪光灯频频亮起，不免让人叹息这座园林的气质是否已经不复存在了。我惊喜而又有些许疑惑地向前走去，涉足于曾经是别人的家的这块富有灵性的宝地。

再往前走，一块小假山吸引了我的注意，与其他不同的是，她更小巧玲珑，中间还有一个较为隐蔽的洞可以钻进去。我略微思索了一下就一跃地溜进去，顺着里面漆黑而不规则的假山健步向上去，竟然来到了一座木头搭建的小亭子里。亭子里的人很少，坐在里面可以俯瞰几乎整个气势雄浑的狮子林，却又极少人发现了这个极妙的佳处。这是一个格外静谧的小亭子，亭下的纷纷扰扰似乎影响不到亭中之人。南面有隐隐约约的和风吹来，额前的碎发也被缓缓吹起，在空中旋转了几个来回。在这里，我好想忘记很多东西，只是久久地伫立在亭口，定定地望着这个"要适林中趣，应存物外情"的林子。心慢慢地静下来，我想我也许朦胧中体会了些这个"物外情"，我仿佛真的回到了很多年前，作为园林家人的一份子，在这个静谧美妙，变换幽深的地方修身养性，安放那颗悬挂抑或是被蒙蔽已久的心。

导游不知何时也上了亭子，告诉我这是主人家公子读书的亭子，因为不想被别人随意打扰，所以入口就较为隐蔽了。

我笑了，享受着这难能可贵的安静一刻。

谁动了我的月光

高 秋

对于月光，我一直有着难以割舍的情结。

幼年时的暑假，我的大部分时光，都落在了母亲家乡的那个村庄里。

每逢夜幕降临，我都会准时来赴约——与月光之约。

有时候，月光是极安静的，就是轻轻地，悄无声息地温柔着菜畦的梦，任凭萤火虫的灯笼闪烁，也仍然执着地，淡淡地，不变地散发着柔和的光。像窗帘，半透明的，不是金黄，也不是银白，有着蝉翼般的触感。我忽然很想用银剪剪下一小块来，做方手帕，那么，野花一定会嫉妒得气紫了粉红的面庞吧。

有时候，月光又是那么不安分，像顽皮的孩子似的，大块大块地砸下来，惊扰了蟋蟀的美梦。那声音，比青蛙的歌声还要响亮。田里所有的生物都不满了，纷纷跑出来表示抗议。月光却因恶作剧得逞而咯吱咯吱地笑了。这一切，熟睡中的粗心的大人们怕是永远不会知道吧。

有时候，风带着过往的记忆掠过，怀里还藏着几个不知从何处寻来的音符——也许并不怎么高明，但风本身是很爱惜这几个音符的。不管怎样，月光的表演也总算是有了配乐了。

……

不知怎的，在时针与分针这对兄弟的赛跑中，我竟已这么久未再去过那熟悉的村庄了，这么久未在夜晚赴与月光的约会了——在这茫茫题海中，教我如何有闲暇时光呢？月光该不会生气了吧？正想着，我披上外套，走出家门。站在大街上，我登时愣住了，只见街道两旁灯红酒绿，霓虹灯晃得人睁不开眼。嘈杂的喧闹声、粗暴而放肆的笑声交织着。再抬头望望天空，那弯月亮孱弱的身躯，正努力挤出一丝微弱的光。我这才想起，自己现在可不是在那个小小的村庄里，而是在城市里！城市里！城市里……

我转身欲回家，却听见"嘣"的一声，回头，原来是五彩的烟火在天空绽放，燃烧。月亮躲避不及，被烟火灼伤了面庞，连那点儿微弱的月光也隐去了。我再次踏上回家的路，经过一片人工湖，看见湖里的月亮正闪烁着泪光，几个顽皮的孩子向湖心掷去石子。"啪"的一声，月亮碎了，月光散了。我闭上眼，离去。

谁动了我的月光？

在平凡中仰望星空

湖边光景一时新

陶 宇

大自然是位伟大的艺术家，每个季节里它都把大地装饰得美丽非凡。已是十月，我们走出校门，去寻觅秋的味道。

刚出校门，一阵风便迎面吹了过来。不似夏天的熏风，也不似冬日的冷风。金风送爽，这给人阵阵凉爽的正是秋风啊！秋的味道，我闻出来了！

至湖边，映入我们眼帘的是一片豆荚地。黄中带绿的豆荚叶下藏着一只只鼓囊囊的豆荚，一个个饱满充实，让人忍不住多看几眼。再细看，豆荚上还有些细绒毛，摸上去毛茸茸的。地里未除的狗尾巴草在微风中晃了晃，倚在豆荚上，似乎在悄声议论风儿带来的絮语。动的，静的，在那一刻相映成趣。秋的魅力在这一刻尽显出来。

绕着湖边走，远远望见对面开垦过的农田。田边还有一棵婀娜的柳树在风中梳理自己已不是很绿的发丝。一群鸭子悠闲地在湖中游荡，时不时还把嘴伸入水中找食。几位钓鱼爱好者正待在树荫下，眼睛一动不动地紧盯水中的浮线。那一刻，整个世界都安静下来，只有草中的蝈蝈还不知疲倦地鸣叫。晴朗的蓝天下，秋日的寂静，没有任何人去打破。

刘禹锡的诗句"自古逢秋悲寂寥，我言秋日胜春朝"，果真不错。留心脚下，有许多不知名的野草野花，正在怒放。白的，紫的，红的……虽没有名花高贵，但它们三五成群地聚在一起。这儿一丛，那儿一簇，在绿草的掩映下也相映成趣。秋日的花何曾不美呢？

转到湖对面，竟闻到桂花香。使劲儿吸一口气，桂花浓郁的香气便争先恐后似的直钻进我的鼻孔里，让人喘不过气来。同行的人中，有雅兴的已经折下一枝插在头发上，也有的抓在手中，摆在夕照下细细观赏。桂花是些花瓣小的黄色花朵，虽然花小，但桂花很密集，一朵挨一朵，不留缝隙。蜜蜂的"嗡嗡"声萦绕在耳边，更让它的香气"更上一层楼"。我觉得我被香气包围了，无论在桂花林中的任何位置，我都能清楚地闻到空气中洋溢出来的迷人的香气。

湖边光景一时新，每个季节有每个季节特殊的景物。纪伯伦说："我们活着为的是去发现美。"美无处不在，我们要用心去观察，去享受。

黄 昏

瑞 茜

信步走在草地上，想来也十分惬意吧。

何其有幸可迎残阳余晖，在湖畔挽自然之手共享此时此刻。夕阳以遍布全身的温暖邀我一同感受其喜悦，身心都舒展起来。扭头向身侧看去，眼中便不只是一片炫目了，而是真正朴实的草地。青翠的自不必说，可初秋又在其中染上了星星点点的黄色，再加上落日的鲜红，那场景便越发微妙起来了。几个听上去不合的伙伴，自然地挨得紧密，真令人拍手叫好。我偏头望着落日，它恰似一位已不再显赫的贵族，眉眼间却依然气宇轩昂。

有心追逐落日，脚步就不由自主地快起来了。无意中瞥见匆匆的影子，我想，这是属于我自己的活力。

终于在一块杂草高及腿弯之处停了下来。凝视着眼前的一切，觉得心被层层水汽萦绕着。近处，那些眼熟却叫不出名的草令我倍感亲切，慵懒的残阳模糊了老人般弯着身子的草秆，而草秆上缀着的饱满的白色细珠出人意料地清晰可见。如果你同我一样眯了眼，就能看见一点又一点没有依靠而凝在空中的雪珠，呢喃地伸手想要一摸。落日为万物加温，指尖质感大概不会是冰冷的，好奇妙。

　　逆光而望，又有一种草以更美的姿态映入眼帘。它们是焕然一新、与众不同的。金黄色的草秆直直挺立着，是那种折断便会发出脆响的直，在四周阳光温柔下不会违和，更显顺滑光亮，仿佛每天都会有人前来细细打磨。

　　脑海中不禁浮现出那个影子俯身时特有的专注的样子。草秆的顶端长着一簇深红色的针芒，不愧为草秆的点睛之笔。那抹抹深红与残阳余晖契合得如此完美，我只觉周身静谧，眼中仅余这许柔和了。那抹深红虽无法折射残阳的喜悦，但实实在在，一丝不落地沉淀了它仅存的光芒啊！

　　草尖明亮随着残阳西沉逐渐缥缈，化成一道道依于大地的虚影。落日披满天彩霞，道不尽最后一丝温存，渐行渐远，最终集于一点，转瞬间便不见了踪影。

　　天色沉了下来。

一 路 风 景

异 瞳

走出校门，便是一路风景。

喜欢秋。

一片草啊，正是那欲黄未黄的时候。草尖的那一点黄，是枯萎还是阳光，谁又说得清楚呢。只是就觉得这样的，极美，有一种说不出的感情在里头，让人心里有点儿温暖，有点儿感动。远方的一条小渠，映着天的颜色。岸边一棵似柳非柳的树，枝条有点儿发黄，默默地与小渠经历着春夏秋冬。不说话，不离别，只是在这岁月中沉淀出一份属于彼此的美好，这便是世间最大的幸福吧。

秋，也是一个让人感到温暖的季节吧。

再走几步，又是一片草地。绿的草，红的花，一大片，一大片，和着阳光，映出一大片鲜明而融洽的色彩。毛茸茸的样子，高的没过了我的脚，很想让人打个滚儿，躺在这张毛毯中静静地看一会儿云。草间一簇簇的花，成片成片地开，粉染的花瓣，黄色的花蕊。色彩很分明，却并不怎么引人注目。这样的花，是叫不上名字的。花开三季，从春到夏，从夏到秋，没人看，那就开给自己看，开给成双成对的蝴蝶看。花轻轻地笑，看夕阳下的蝴蝶翻飞。蝴蝶成双成对，影子也成双成对，白白的翅膀被阳光染成了金，很好看。在花间嬉戏，花高兴，蝶也高兴。我心里也犹如清风拂过，漾出一层一层的甜，真好，真好。

湖，大片大片的湖。有鸭，每一只鸭子游过，都为湖添上好看的一笔。灰蓝的底，一道水波漾开，深深浅浅，带着金光，穿过水中的太阳，穿过水中的树。不禁会心一笑。岸边那高高的芦苇，包含了无数秘密，恍若看见芦苇后一个人影，立于湖畔。再定睛细视，却不见了踪迹。她是谁？又为何站在那儿？揉揉眼睛，是我看花了吗？笑笑，摇摇头，是真是假又何必探究呢？或许，那是芦苇的化身吧。年少时，看什么都怀揣着梦，相信那遥远而美丽的神话。

岸边的几棵桂花，悠悠地发出香，像一块糖化在嘴角，很清爽的甜。不需要去嗅，不远不近，香便飘入你的鼻中，连呼吸都是甜的。走近桂花树，取下那米粒般大小的花，放入口中，竟是深深的苦。苦是苦，却依然盖不住香。不舍得吐掉，任这别样的滋味在口中散开。原来桂花，是这个味道呀。

　　秋风拂面。远方的夕阳，就像一块燃烧的金子，染着了天空。又踏上那条路，又看到了那一路风景。

　　人生亦如路。只要带着一颗心，走到哪儿，哪儿就是风景。

遇　见

李沛霖

　　放下繁重的作业，我和其他社员一起，在夕阳下遇见了最美最真的九龙湖。

　　漫步，看见红色的不知名的草在摇摆。风中，似千层浪般层层叠叠地漾开去。一脚踩下一片，无数棕灰的小虫扇着小翅从草间飞出，夹杂着通体绿色的薄翼小精灵。它们蹿到远处，选择另一棵草，安闲地仰在上面，同阳光细语。夕阳西斜，金色暖暖的光软软地铺在草上、河中，铺在我们的心里。河面，平镜般的，偶尔泛起几道涟漪。河边有人，或静坐，或直立，他们的心如河水般宁静；一人高的芦苇悄立河旁。微风乍起，湖面泛起褶皱，一圈圈的波纹，延向远方。

　　"快过来看！"朋友大喊，"我找到四叶草啦！"我哑然，笑了——这是一份多么常见却稀有的纯真。这是小女孩儿多么固执却幸福的理解。她们相信天使，相信找到四叶草，许下的心愿可以成真。恍惚间我看到扎着红头绳趴在地上努力寻找的身影，快乐且满足。

继续向前，脚旁拥着簇簇蒲公英。暗黄的绒球，似是憔悴的女子，轻吹便飘落。原来秋还是有些萧瑟的。但下一刻，我改变了想法——浓浓的桂花香扑入我鼻，浓郁却不呛人，争先恐后地弥漫在空气中。转头，我却未看到桂花。细找才发现，花瓣害羞似的躲在叶间，被宽大的叶遮挡。虽遮住真容，但却更增一分朦胧的美。我急不可耐地拨开绿叶，一抹艳丽的黄闯入我眼中，我极爱那种美却不招摇的颜色，悄悄拨拉下几簇。它们不过黄豆大小，聚在一起，安然地躺在我掌心，软软的、糯糯的，像极乖巧的婴儿。呵，谁说秋萧瑟，秋的景可不是一样没胜过春夏？

"我言秋日胜春朝。"庆幸，我在最美的季节遇见了它最美的时刻。噢，还有最青春的自己。

你永远在我身后

鱼戏莲叶间

张卢苑

"鱼戏莲叶东，鱼戏莲叶西，鱼戏莲叶南，鱼戏莲叶北。"记得很小的时候就和妈妈背过这首诗。

那时候家门口有一片池塘，哦不，准确来说是两片。中间有一条小路隔着，真的是条小路，刚好能让一个人通过。两个人相对而行？呵呵，一个人只得退回路的那边。但这种情况是极少的，那里太偏僻，极少有人经过。

池塘是对面邻居家的。自打搬到这里起塘里就已经开始种荷花了，绿油油的一片。荷叶参差不齐，中间夹杂着点点红，有的深，有的浅，还有的是白色的。满池塘的荷叶荷花，风吹过"沙沙"作响。喜欢坐在塘边，全然不顾被泥土染成深棕色的裤子，把脚丫子伸进水里，凉爽极了。我用脚打着水面，溅起了水花，惊动了荷塘里的鱼。

咦，荷塘里竟然是有鱼的！我惊奇，那并不是金鱼，只是普通的草鱼。只有别人养荷观赏，为了不让画面单调才在里面养了几条金鱼的。那荷是娇贵的，鱼是讨巧的。在池内妖娆地卖弄着自己的身姿，以讨得主人欢心。这池塘内，鱼还不止一条，不然它会孤单的。它或许去找它的同伴了吧，一转身，钻入荷叶之中，不见了。

没有金鱼的娇生惯养，这是草鱼。没有人给它喂食，除了那些把它喂饱的人。人把它喂饱，又把它端上餐桌，它只能依赖自己的灵巧与机智去存活。

这里偏僻，极少有人经过，更极少有人发现这池塘内有鱼。它们是快乐的，因为这宽敞开阔的空间，玩捉迷藏的时候想藏哪儿就藏哪儿，偷偷溜进另一块鱼塘也没有人管。它们不必像关在"囚笼"里的金鱼那般拘束，也顾不上风度，却多了份自由与任性。

湖面上泛起了点点涟漪，一圈一圈地荡漾开来，打在莲叶上，滚入池水中，与池水融为一体。

塘内的鱼悄悄地躲在荷叶下，仰着头看着滚落池中的珍珠，那般晶莹，或许池中的金鱼已被这水珠吓得不知所措了吧！

鱼戏莲叶间

张蕙佳

一首《江南》不知道尽了多少鱼儿在水中欢快嬉戏的快乐。在水中，它们是这个王国的主宰，这一片是它们的，那一片也是它们的。这，全都是它们的。不论晴雨，鱼儿都自由地游来游去，不受外界所带来的拘束，没有所谓的忧愁。

突然很羡慕鱼，整天都欢脱着，大大咧咧，似天真的孩童，是不知愁的。鱼的记忆只有七秒，因此，有时它们不必纠结于凡尘世俗。而我，被束缚的太多，是没有资格成为一条游在莲叶间的鱼了吧。

夏日，莲叶是它们最好的遮阴地。莲叶下，鱼儿互相诉说着彼此的心事。虽整日整夜地待在这里，也并不无趣。

可是，再细细看池中的鱼，我又觉得它们在逃，在逃离这个世界。它们惊惶地四处躲闪，却终也逃不过命运——上天的安排。它们此生注定是一只鱼，一个漂泊的行者，孤独一辈子。它用一生都走不出这个小圈子，不知道海有多大。结局是，它永远挣脱不了命运的枷锁。它们呀，只能在这一小片池塘中度过余生，或许一辈子都没有机会看见世间的繁华盛景。

　　一个没有故事、没有梦的人生是不精彩的。

　　我不愿做一条"戏在莲叶间"的鱼，一只没有梦的鱼。

水　韵

李春煦

流水清清，荡漾起声与色的韵律，飘逸出生命的华彩与灿烂。

流水悠悠，点染开内心的宁静与恬适，洒下晶莹的春露。

流水蓬蓬，激昂了力与美的交响，迸发出灵魂的坚韧。

啊！那一股清澈明亮的水花从泉眼中涌出，绽放了生命的梦幻与光彩，悠悠地随花与树的倒影而下。

我望着它，盯着它，注视着它，任凭它如丝绸般滑过我的脚间。掬起一捧清水，凑到鼻间，方能嗅到其中的独特的味道，那是由于深藏地下而富有的泥土的气息，那是由于不沾染半点儿花瓣而透露出的质朴纯洁的风貌，那更是青春活力的无限奔放！

我对水笑，水对我笑。

带一身花香，集一身雨露，婉转地，缓缓地。潺潺的流水轻旋的柔波是母亲的笑颜，甜蜜地浸满爱的芳泽。

不由得忆起儿时那一声声轻柔的呼唤，那一个个甜美的微笑。呵，爱的柔波在轻扬！悠悠流水轻溅的晶莹是孩子笑出的泪，充满欢乐的琴弦，少不了回首童年那缕缕无忌的阳光，那丝丝糖果的香甜。噢，情感的涟漪在回旋。

流水，这柔情之水。

瞧！那一江浑浊的水从天边奔涌而来，散发着坚强与野性的气味，滔滔地撞击着高高的堤坝。带一身豪放，集一腹倔强，汹涌澎湃，撼动天地，叫人思念起屈原对那风雨雷电的呼喊，李白"长风破浪会有时，直挂云帆济沧海"的凌云壮志，鲁迅"勇于直面惨淡人生"的狂傲。

啊，豪情的旋律在昂扬！汹涌流水迸溅的浪花是斗士的坚韧。流水深深地震撼人心，使人感悟海明威笔下桑地亚哥的顽强与不屈，北大登山队连死也不惜向山顶发起冲击的勇敢与决心，三毛放弃都市向往大漠的坚定。

坚韧的大浪在翻滚！流水，这阳刚之水！

水，不失细腻与温存，又极富壮阔与雄浑。水，长存天地之间！升华吧，感悟！伴着这悠悠水韵闪耀史册！

踩着一地落叶

赵心怡

采风的路上，踏着一地落叶，使人想听见高飞云雀的歌唱，点点滴滴，都悉数珍藏，愿镌刻下记忆中，最美的闪光。

早晨的天空清澈明亮，泛着浅蓝，四周的雾朦胧得好似月光，又像浣纱女手中的轻纱，迷蒙冷寂，欲拒还迎地掩映在冰面一般的蓝天上，使两旁的树，以一种惬意的姿态，无心地成了冰纹。与友人携手漫步于校园小径，肆意呼吸着初冬清晨特有的芬芳，四周寂静无比。风来，就欢快地摇响一树的"金铃铛"；风停，就挤挤挨挨，你不让我，我不让你，七嘴八舌地唱着无言歌，注视着远方，等风来。

突然，几声脆响钻进耳中，低头看，惊艳于一地金黄！银杏叶撒了一地，枯燥的地面顷刻有了生机。那些娇嫩了一个春天，葱郁了一个盛夏的生命，如今却早已轻盈地落到地上，卑微地，缱绻地，抑或舒展地，优美地散落一地。将脚踏上去，"咔嚓咔嚓"，它们一齐发出呐喊，又脆又响，让人想起海苔饼干，想起它们曾拥有的饱满多汁的美好时光。

就这么一路踩过去，惊喜于落叶发出的醉人声响。从叶子上踏过去，就像踏过一个个金黄的梦想。望天，风正好经过，树叶便有规律地沙沙作响，有那么一片火红的叶子，以一种极其轻盈的姿态在空中翻转，叶子那么红，像一件光洁的釉里红瓷。就好像，一片瓷落在秋天的地上，此刻，虽是短短的一瞬间，脑内却有无数思绪扇动翅膀，纷至沓来。

伴着"咔嚓咔嚓"声，我思索着，人生，不也正如落叶吗？来时虚无，归去也是虚无。每人都是为死而生，每片叶子也都是为落而生。我们无法增加生命的长度，却能拓宽生命的宽度和深度。那么，死后也要发出最动听的声响，也要成为最美的点缀。

苹果的滋味

邵睿涵

那节语文课，我手捧着两个苹果，心情复杂。

怎么回事呢？事情要追溯到更久以前。新学期的考试卷发了，当我看到课文默写一项被扣了1分，我意识到一个"严重"的问题：我要带水果来了！

这项扣分买水果的制度已颇有历史，我也吃了不少次别人带的水果，每次尝到的都是水果本身的香甜和"事不关己，高高挂起"的淡定。而这次不一样了！

拿到试卷的第二天，我竟然忘了水果一事，还好宽宏大量的老师放了我一马。当品尝着别人带来的苹果时，一抹惭愧漫上心扉。

第三天，我拎着一袋苹果，踏着"沉重"的步伐走进了班级。当把苹果送上讲台的那一刻，强烈的羞耻感迸发而出，"怎么会犯这么低级的错误？""粗心？粗心就是不会！""像你这样学一百年也没用！"…… 霎时间，各式各样的指责仿佛都砸向了我，难过的滋味，漫上心头。

老师开始发水果，先是参加亲子阅读者。我拿了一个苹果步履艰难地回到座位，仿佛全班的眼光都在"奚落"着我这个"打了败仗还领赏"的"颓将"。

我回到座位，陷入漫长的沉思，在回忆中无法自拔。

突然，老师说还多几个水果，让作文发表过或被指导过的同学上去拿，这一下戳中我的痛处。一直被赞"作文写得还可以"的我却从未在杂志上发表任何一篇文章。这一直是我内心深处的伤，我一直在努力，却从未成功。一抹辛酸掠过心头。

就在我陷入自责与痛苦之际，老师突然点到我的名字，先是一惊，旋即欣喜。原来，我的一篇文章被老师放在博客上作为范文。于是我甩开包袱，与同学有说有笑地走上讲台，拿起一个苹果，大步流星地往位置上走去……

课桌上两个滚圆的苹果立着，红红的，十分诱人。我托着脑袋，望着这两个来历不同的苹果，出神了。

我不知道自己该是什么心情了，短短几十分钟里，从自责到痛苦，再到辛酸，再到如今这难以名状的复杂的心情，我已经傻了，大脑一片空白。人在短时间内经历了大起大落，大悲大喜，必定会导致大脑"死机"，我现在坚信这个道理。

你永远在我身后

当时，我不知道该想什么，该做什么，只自顾自地，旁若无人地啃起了苹果。苹果的甜味在舌尖回旋，刺激着每一个味蕾，但我却全然不知，品尝到的只有这又悲又喜、哭笑不得、难以名状的滋味。

原来，我也拥有这么多

艺 燃

记忆的田埂上，谁没有披着情绪的光线无端地展开野荷的香馥，映着每一个梦的月明？

我向来是个孤僻寡言的人。许是以前的经历成就了我现在的性格。曾经，一连三年我都没有特别要好的朋友。别人不接纳我，心高气傲的我便也不愿融入，逐渐封闭了内心。因为即使有说话的人，也不过点头之交罢了。

自我封闭的那几年，我读了很多很多书，心中有很多话，却仍感到孤单落寞。读书的间隙，抬头看见同学玩耍的身影。怅然，自己终是不如别人。

父母曾郑重地说，未来的一切都只能取决于我，未来的道路上，自己挑着的担子不免又重了几分。看着别人，也曾彷徨，为什么他们总可以拥有这么多，今后所有的路都是我一个人走吗？

　　不久前与朋友闹矛盾，落了个分道扬镳的下场。我手插着口袋，高昂着头，看向黑暗的夜空，恍惚一如我的未来之路，无比黑暗，绝顶透彻，却一无所有。

　　夜半与挚友长谈，聊到此时，我苦笑着："她们也真够可以的，把我一个人抛下，她们好歹有三个人啊。还有我爸妈，说我以后只能靠自己。不过他们也真是不能提供我什么。你看，我这下除了你都没有可倾诉的人。这算不算一无所有？"

　　她听完，不予评价，而是问我："那她们有没有再来找你，父母有没有继续关心你呢？""有……""那你还有没有良心！"她拍案而起。

　　"她们是有三个人啊，如你所说，不会孤单。可那为什么还要来找你？因为在乎你啊！更有意义的鼓励是精神上的啊，你看你做什么事，爸妈都很支持你吧！至于朋友，你多向别人敞开心扉，会发现，你其实拥有很多。"

　　她叹了口气，说："多看看自己所拥有的。"

　　的确，我想起了与她们在校车上的时光，想起饭后携手的身影；想起父母对我无条件地支持，秋天的冰糖雪梨与冬天的红豆汤；更想起朋友无言的关怀，自身积累的文字、会演奏的小提琴曲和画出的一幅幅斑斓星空。

　　我不禁惭愧起来，原来，我也拥有这么多。

酢浆草的滋味

赵顺顺

偶然在爷爷家的小花盆里发现了一株新绿，凑上去一看，正是一株小小的刚萌发的酢浆草。

我的思绪一下子就被这株小酢浆拉回到了一年前。

那时的我上五年级，班里正巧调来一位新的科学老师，姓毛，拖着浓重的山东济南口音，总是"屡教不改"地把"水"念得像"谁"，这使一向喜欢咬准字音说话的我十分反感。同学们也不例外，总想找个机会刁难她一下，让她当众出个丑。

几天后，我们发现学校花坛里的一串红因为被我们偷吃完了，所以种上了一种心形的小三叶草，我们觉得机会来了。既然是科学老师，那就应该上知天文，下知地理，学贯中西，无所不通啊，一定要一口报出它是什么草，学名、花期、产地等一系列详细信息，如果说不出来，那可就……呵呵！

于是，我们采摘了几株，带了回去，时刻准备着考验她。

终于盼来了一节科学课。毛老师满面春风地走入教室，看上去对接下来的课程充满了美好的憧憬，丝毫不知"危机"即将来临。

毛老师满心欢喜地从身后拿出一个大的木质日晷，兴奋地说："同学们，你们快看老师新做的日晷，这可是仿照北京故宫的赤道日晷的原理和形状做的哦！"可我们并不买账，丝毫不为之所动，很不礼貌地打断了她，举起三叶草开始了计划。不出所料，她果然答不上来，脸涨得通红，牙齿紧地咬住下唇，一脸的窘相，和我们想象的一模一样……

不知不觉，一周过去了，又到了科学课。毛老师又一如既往地开心地走进教室，似乎已忘了上周的不愉快。我忽然发现老师手里正擎着那一株三叶草。一走上讲台她就开了讲："这株草叫酢（同醋发音）浆草，叶片上面光滑，背面有细绒毛，对光线敏感……"一系列专业知识的讲解听得我们愣住了，瞠目结舌，没想到她竟会对我们的一个小问题如此重视。"对了，"她说，"还有最重要的一点，光外表不能完全确定，于是我就尝了一下，果真是酸的！"啊！这更使我们惊呆了，尝？一株野草，竟直接吃，这多危险，万一有毒或有害，那伤害多大！我们的心中顿生愧疚。

从那以后，我们都开始敬佩起毛老师，认真学了起来，也正是毛老师的敬业，激起了我们对科学的兴趣。我们要以优秀的成绩回报毛老师，弥补心中的愧疚。

光阴似箭，到了毕业离校的时间，校园里到处都有一种离愁，酢浆草也在那不起眼的角落默默开了花，似乎在为我们送行，那一朵朵娇艳的小花，正像毛老师留在我们心中的样子，执着，美丽。

不知不觉一年过去了，离开恩师的这一年中，我们没有任何联系，但心中的牵挂却丝毫不减。

我不禁摘下一片三叶草，放在口中，酸酸的，涩涩的。

我也曾孤独过

吴佳怡

天空中，群星闪烁。望着天空，我的眼睛渐红。接着，一滴泪从眼眶溢出，滑过脸颊，滴下。

那段时间是我最孤独的时候。因为，我的外曾祖母去世了。

外曾祖母在世前对我很好的。她经常拿些好吃的好玩的给我，也给我讲了许多东西，她小时候的一些趣事，也有一些她知道的故事或传说。

尤记得她对小时候的我讲的一个故事。

"你看，天上是不是有许多星星。相传，这天上的星星啊，每一颗都是地上的人走后，因为舍不得自己的亲人，所以化作星星，以另一种方式陪伴着他们的。你瞧，现在天上的这两颗星，说不定就是我们的亲人……我也老了……"最后那一句我没有听清，"什么？""乖孩子，没什么，快去睡觉吧，时间不早了。"于是我也没有放在心上。那时候，我就对天上的星星格外关心。有时候自己睡觉睡不着时，就对着天上的星星喃喃自语："你们还好吗……"

隔了一年，外曾祖母去世了。是在夜里走的。

我听到这个消息，觉得心里面缺了什么，总也不舒服。又想起她给我讲过的星星的故事，赶紧跑到阳台上，红着眼，望着天空。眼里面全是雾水，我一把抹掉，睁大眼睛望着天空，看看有没有一颗是外曾祖母。

那时候，我觉得自己好孤独。当时就想着，以后没有人会给我讲各种各样的故事了。没有了。

我寻得累了，一屁股坐在凳子上，却还是仰头望着天。泪水滴在外曾祖母以前最爱的喇叭花上。望着喇叭花，我的眼泪流得更厉害了。慢慢地，我困了，眼睛缓缓闭上。

我做了一个梦。梦见我在阳台上，望着天空，天空中朦朦胧胧地显现出外曾祖母的模样，外曾祖母对着我微笑，告诉我，她一直在我的身边，不会离开。我那一张苦脸顿时笑了起来："真的啊，外曾祖母可不准说话不算话！"

然后，我便醒了。还暗自有些懊恼，自己为什么不再多睡一会儿，这样就能多看看外曾祖母了。

外曾祖母走后的一段时间里，妈妈一直陪着我，想方设法让我不要难过，从悲伤中走出来。虽说梦见外曾祖母告诉我她会一直在我的身边，可我总是挣脱妈妈的怀抱，跑到阳台上，执着地望着天。即使是白天。

没有外曾祖母的日子里，心里面空空的，越发觉得孤独。过了好一段时间这种感觉才消失。从此，我也变得越发重视亲情、珍惜亲情。

又一个夜晚，天空中群星闪烁。外曾祖母的喇叭花静静地在那儿低着头。

清晨，第一抹阳光照在喇叭花上。淡紫的花朵在风中摇曳，逐渐伸展，直至完全盛开。我凝视着，恍惚间突然觉得，这花，好似外曾祖母的笑颜。

厌　倦

马珮文

天很蓝，像被蓝墨水熏染开来的白纸。我仰头，眯着眼，漆黑的瞳仁里水蓝色的天幕有些模糊，似乎掩上了一层蒙蒙的灰。不知怎么，享受着"贵族"般的生活的我，对这清闲的日子，忽然觉得厌倦了。

一杯清茶，丝丝茶香；一室温暖，片片暖意；一盏书灯，点点光明；一篇卷帙，潺潺文字。宽敞的书房内，如此寂静美好，可我却无意赏诗，无精打采地托着脑袋，百无聊赖地合上书卷，愁眉苦脸地叹了口气，突然觉得，随心所欲的生活度日如年。生活的曲调，忽然变得平淡，停留在一个音符上的旋律自然显得无味，日复一日，莫名的，对一切，生得几分厌倦。

不应是陶醉在冬日暖人心扉的阳光中吗？不应为这难得的假日而大声欢呼吗？不应流连于街巷风景中而忘返

吗？然而这一刻，我却静默了。不明白自己是怎么了，这样清闲无忧的日子为何索然无味。我趴在桌上，耳朵贴着脉搏，心有力地跳动，一个微若蚊蝇的声音不满地叫着：我，厌倦了。

今日起早，闲来无倦意，踱步阳台。冬日的寒冷在窗户上结下了一层薄薄的水雾，我调皮地用手画出一个爱心，透过它，一片苍茫中，那幅景象让我麻痹的心猛地一颤——那位年近半百的男子摆好摊子，拿起工具对着坏车一阵捣鼓，那双生了冻疮的手肿得通红。院子里，晾衣台上挂着些许腌制品，另一边的妇女已忙起一家的早餐。突然，一个小巧的身影从屋里跑了出来，她坐着板凳，伏在灶台上，一笔一画认真地写起来。忙忙碌碌中，天再冷，冷却不了他们炽热的心；风再大，也吹散不了他们凝聚的情。突然有种想要奋斗的冲动，沉睡连日的灵魂渐渐爆发出无法想象的力量，它拼命地挣扎在厌倦的边缘，想要释放。

父亲匆匆出门了，即使在假期，他也忙于工作。我多么想象父亲一般，拥有自己的事业；多么想无时无刻地充实自己，丰富自己。看着父亲工作，我会想到自己的学业，我知道，成功需要努力，更需要一颗不甘平凡的心。

心变得很平静，一直以来束缚我的枷锁脱落，其实那种厌倦也是一种梦想超越奋进的精神，我们拥有不甘平凡的心与信念，想要拼搏，想要奋斗，想要拥有自己的计划来规划人生。我们无法容忍岁月的荒凉，所以我们用行动去证明，我们终将不平凡！

年轻的我们难免会厌倦，而那恰好诠释了我们的成长。

十 分 钟

马开骊

　　一张打着鲜红的六十分的试卷，放在了我面前。我绝望了。前天，我已在母亲面前夸下海口，这张试卷，我定能考到八十分以上，可是现在……怎么办呢?

　　我背着沉重的书包，走在回家的路上。今天，我似乎很快就到家了。母亲照例在家门口等待着我的归来。我看见了母亲，便很快组织了一团微笑，照例"开开心心"地回到家，母亲也没有发现什么异常。

　　吃饭时间到了。这是我最头痛的时刻，因为每次吃饭时候，母亲都会问我的学习情况。如今之计，我只有赶快吃饭。母亲将饭递到我面前，我便狼吞虎咽地吃起来。

　　"森森，今天是不是很饿，来，别光吃饭，吃点儿菜。"母亲边说边给我夹菜。

　　一分钟……

沉默。

二分钟……

沉默。

三分钟……

还是没动静，客厅里除了吃饭声还是吃饭声。

四分钟……

母亲的嘴唇动了："这……"

我担心的事终究要发生了。哎哟，怎么办？怎么办？我心乱如麻。

"这菜好像咸了点儿。"

嗨！她终于还是没有说出"考试"两字。

五分钟……

又是一阵沉默。

六分钟……

我吃完了饭，站起来盛汤喝。唉，该死的，这汤怎么这么烫，害得我又得浪费时间。

七分钟……

汤已经凉下来了，我刚要喝，母亲又说："前天……"

惨了，这次非死不可，我看前天也就考试的事让她难以忘怀。我这次非得"死无全尸"了。

"前天，我看见你舅舅，他叫我们下星期去外婆家。"

"哦。"我答应着。

啊！又是虚惊一场。

八分钟……

我喝着汤，母亲继续吃着饭。

九分钟……

我吃完饭，准备回房。

十分钟，母亲突然叫住我："森森，把衣服穿好，别受凉了。"

哇！吓死我了！这漫长的十分钟终于过去了。我快步奔进我的小屋，长长地出了一口气，想想刚才的慌张，真是一场虚惊啊。

秋天的萤火虫

俞心悦

盛夏的夜晚，没有一丝风，片片蛙声透过闷热的空气四散开来，打破了池塘的静谧。漆黑的夜空中不见月亮，只有几颗寂寞的小星星，一闪一闪地发出璀璨的光。渐渐地，草丛里也升起了几颗"星星"，比天上的还要小，还要亮。是调皮的萤火虫点亮了自己的尾巴，和天上的星星打招呼。多么美的一幅画面啊！

只可惜现在是秋天，哪来这么唯美的画面。我一边走一边嘀咕，为自己脑海中不切实际的幻想感到好笑。在这个季节里，纵然有金黄的落叶，成熟的果实，凉爽的微风，仍是掩不住满地枯败的苍凉与肃杀。正是缺少了夏日那些可爱的小精灵，才使得我眼中的秋天如此了无生气。我走在林间小路上，没有路灯，又是暗夜，只好摸索着小心翼翼地前进。没有萤火虫的陪伴，一种孤独和无助包围着我。

　　兀地，一个发出幽幽的淡绿色荧光的小点儿，在我的左前方亮起来。哦，不，那不是狼眼睛，那是一颗人间的"星星"！那是一只萤火虫！我兴奋得几乎跳起来，连忙跌跌撞撞地向我的萤火虫扑去。待到了它跟前，我才想起来，秋天是不会出现萤火虫的呀。萤火虫的寿命极短，在度过短短的夏季之后，便会死去，没有一只萤火虫可以在秋天存活，它们是只属于夏季的精灵。难道是我眼花了？可是，我的面前的的确确停着一只秋天的萤火虫。

　　凑近了看，才发现这是一只体型瘦弱、荧光暗淡的小萤火虫。我不免有些失望，但对它顽强的生命力感到十分好奇。它是怎样挺过一整个夏季，来到秋天，成为一个奇迹的呢？我突然想起了一个童话：萤火虫生活在炎热的夏天，当第一片树叶凋零，它们的生命也开始陨落。有那么一两只萤火虫，还没有找到真爱，不甘心就这样死去，想爱的愿望、想生存下去的愿望会支撑着它们走过夏季，成为"秋天的萤火虫"。而见到它们的人，也可以实现自己的愿望。多么美好的想象，可当我面对眼前这个真实存在的"童话"时，我信了。亲爱的萤火虫，你是在等待属于你的爱情吗？还是你太过爱这个世界，不愿离去？

　　恍惚间，萤火虫突然扇动了几下翅膀，向空中飞去。我急忙站起身，朝它飞的方向看去，夜空中有一颗寂寞的小星星在闪呀闪。"那就是你一直等待的吗？"我喃喃自语。它不停地向上飞着，越飞越高，越飞越远，留给我一个执着而坚定的身影。仰着头，我感慨万千，也许秋天的萤火虫无法实现自己的愿望，它也注定会陨落，但它的存在就是一个奇迹，生命的奇迹，信念的奇迹。终于，我默默地在心中许愿：让我也拥有像秋天的萤火虫一样的执着与勇气，永不放弃，去追逐和实现自己的梦想。

萤火虫已飞得很远，渐渐地，再看不分明。只在我的视线中，只留下两颗星，闪烁着耀眼的光芒，很亮，很亮。

桂 花 香

叶时诚

走在家乡的小路上，远远地就可以嗅到一股香味，很熟悉，却一时想不起来是什么香味儿。这时，一个乡村小孩儿路过，感叹了一声："桂花真香！"

我才恍然大悟，这原来是儿时的桂花香啊！

家里的后院，种了两棵桂花树。走近一些，一股暗香觉醒了，沁人心脾的幽香激荡着魂魄。这股浓烈的幽香不仅让人神清气爽，还让我回忆起了童年时光。

记得儿时，我经常到后院玩耍，走到树边，有时会看见大大小小的蝴蝶飞来飞去，围绕着树旋转；有时会听到各种鸟鸣声，它们仿佛在歌唱；有时会摸到含苞欲放的小花苞，好比一个即将诞生于世上的珍贵小生命似的，散发着淡淡的幽香。

我仔细观察桂花树，枝繁叶茂，一朵朵桂花争先恐后地绽放了。叶子上有绿绿的毛毛虫，花上还有肥胖的黄蜂伏着，都显得平静和谐，就好像桂花树有着独特的吸引力，吸引着外界生物。那是一种什么样的吸引力呢？幽幽的，不知不觉地滋润着你的嗅觉。当然是桂花的魅力了。

淅淅沥沥，下起雨了。幽香淡了一些，但仍然有着独一无二的吸引力。风斜吹着，雨斜着下，使桂花树显得十分神秘。一层朦胧的面纱从天而降，是雾。雾把桂花树绕在其中，那股幽香却越传越远，气味也越来越强烈了。

"呼——呼——"桂花树的身影在雨中摇摆着。看着，看着，桂花树周围仿佛散发出了一丝别样的颜色。就像儿时眼中的桂花树的香气，五彩缤纷的，有着特殊的感觉。

雨后，这桂花香就好像给我编织了一个梦，给了我一股难忘的熟悉的味道。

走在家乡的路上，远远地就可以嗅到一股熟悉的味道，很熟悉。它就是桂花香。

母亲的味道

杨靓婕

我喜欢长长的头发，在风中划过嘴角。小时候，总喜欢玩弄母亲的黑发，长长的，有桂花的香味，让人好生喜欢。有时候会玩得打了死结，母亲也只是宠溺地看着天真的我，然后把结一一打开，让我继续把玩。

上小学时的一次下雨天，我没有带伞，看着倾盆大雨冲刷着大地，我的心就像被刚刚冲刷过的大地一样冰冷。

突然看到远处有一个黑点，逐渐变大变清晰。"妈妈！妈妈！"我兴奋地喊道。她来接我了，我就知道，她一定会来！母亲拍拍车子后座，示意我上来。我迫不及待地坐上去，和她一起在雨中飞驰！坐在后面的我，闻到了母亲长发上散发出淡淡的一股清香味，是桂花香，很香。

我躺在母亲的大床上，软软的，很舒适。抱着母亲的枕头，上面有几根青丝。枕上留下的桂花香味扑鼻而来，那么熟悉，是母亲身上特有的味道。温暖充满着整个房间，我渐渐入睡，感觉躺在了母亲温暖的怀抱之中！

在睡意浅浅的早晨，我被隔壁的欢笑声叫醒。看着母亲睡在边上，我注视着她被无情的岁月"蹂躏"的面容，水灵灵的大眼睛旁多出了几条鱼尾纹。母亲乌黑的长发上几条刺眼的银丝入了我的视线。是啊！母亲老了！为了我，为了家庭放弃了青春年华。

一个星期六，我漫步校园。忽然，一阵桂花香扑鼻而来。闻香而去，看到几棵桂花树挺立在绿油油的草坪之上。走近看了看，米粒大小的花朵，在那里散发着香气，好不迷人！桂花香，真的很香，沁人心脾，就像——母亲的味道！

树上那点点白花，犹如母亲白了的发，付出了一切美好。母亲！您犹如这桂花，馨香了我的心。

又闻桂花香

李彬绮

走在街上，忽然闻到一阵阵香味。我不禁左顾右盼，一回头，发现了一棵桂花树出现在我眼前。

看着那金黄的桂花，闻着那甜美的香味，我不禁想起了那个人——我的外公。

那时，我的外公差不多七十岁了吧！外婆已经去世了，只留他一个人孤独地生活着。他常常盼我们回去，我却是极不情愿的。毕竟乡下没什么好玩的。

又是一个秋天。对于外公来说，那年是极其开心的，那年可真是一个大丰收。他让我们去他那儿玩。一到村头，我就闻到一阵浓浓的桂花香。抬头，是满目金黄，一阵微风拂过，一朵朵桂花飘落，真是极美。

"阿绮！来啦！"远远地，我就听到一声热切的呼唤。我顺着声音望去，一个穿着深色夹克衫的男人正冲着我们挥手。

他，已满头白发，那原本清澈的眼睛已变得浑浊，却还是那么慈爱，永远面带微笑，永远那么期望我们多回家看看。

我朝着他走去。他的头发被微风吹得微微翘起，离他越近，他脸上的皱纹就越清晰；离他越近，他的身材就越矮小。愕然，我愣住了。是啊，他再也不是那个天天背着我去转悠的男人了，他现在已成为一位白发苍苍的老人。

"孩子，来。外公给你做了桂花圆子，可香了。快去尝尝！"他脸上带着慈祥的笑容，那浑浊的眼睛仍发着光。

"好。"我微微点头，走进屋里，充斥着一股岁月的味道。桌子上，端端正正地放着一碗桂花圆子，还是那淡淡的黄色，还是那熟悉的味道。

一摸，还是温热的，我用勺子搅拌了一下，发现还有许多糖没融化。顿时，心里觉得暖暖的。原来，我的喜好外公还记得呀。

桂花香，桂花圆子，都那么熟悉啊。它们都带着一股味道，一股爱的味道。

现在，正值桂花开放季。每一次闻到桂花香，都觉得特别温暖。因为，桂花香里寄托着外公对我的爱。

愿我的外公依旧安好。

那一棵桂花树

王 然

从喧嚣的马路进入幽静的小巷，仿佛是进入了一个可以穿越时空的机器一般。就那么一瞬间，感觉马路上一切一切的吵闹声，正在进入这条小巷，脚轻点在青色石砖上的那一刻，也就全都化作烟云了。

巷子直通朱自清的故居。围墙上绕着的爬山虎和紫藤，用青砖砌起的房屋，以及路边随处可见的小黄花，似乎与别的地方没有什么两样，但却仍是透出一种古色古香的韵味。

几乎每一步都是踩着青苔走着的。直到跨进了那扇大门，那是朱先生的故居。门中四间房相对，酷似北京的四合院，中间一块空地正对着屋子上方一棵高大的树。阳光透过树叶之间的孔隙，恰到好处地洒在地面的青砖上。大概也是因为这阳光的缘故吧，原本略有些威严的屋子变得有一丝暖意。

倒是朱先生卧室外一棵芬芳扑鼻的桂花树引起了我极大的兴趣。那是一棵金桂，它不像桂林的桂花那样浓烈热情，也不像成都的桂花那样清淡雅致，而是一种说不出的韵味，或浓或淡，或冷或热。风拂过，树上掉下许多桂花朵儿，香味平淡，却又不平凡。正如朱先生的文风，简朴、平淡、自然。

也不知这棵桂花树是在何时长成的，却是把朱先生的整个卧室衬出了另一种与别的屋子全然不同的气息，一种有着油墨香气，还有着淡淡儒雅之气的味道。我无法用语言去形容，此刻的我像是忘记了一切，在朱先生的卧室门前驻足，久久不能自拔。

朱先生卧室里的摆设也十分简朴。一张不大的床，一张桌子，一把椅子，但足以让这个看上去冷冷清清的房间充满生气。虽说"简"，但却感觉不出一丝"单"，有的倒尽是一种说不出的韵味。

不知为何，我总是久久地凝视着那棵桂花树，难以自拔。我仿佛从那棵桂花树中看见了朱先生的影子，看见了那片在他笔下的荷塘……那棵桂花树像是一把钥匙，正为我打开文学大门。

走出小巷，我仿佛又闻见了那桂花树的芬芳与那洒洒落下的金色纱团，那一朵朵让人怜惜的桂花……

外公的脚步声

殇赜

"哒哒……哒",门外又传来一阵脚步声,不用想,又是那个老头儿——我的外公,不知道他又在干什么。

唉,妈妈也真是的,把他接来家里住。这下好了,那么早起床,打扰了我睡觉!害得我早上上课没精神,一上课就想睡觉。哼!

我在暖暖的被窝里翻来覆去。"哒哒……哒哒哒……",又是一阵脚步声,还附带着用拖把拖地的声音。

罢了,起床吧,反正也睡不着了。我冒着阵阵寒意,顶着寒气,穿好衣服洗漱。

果不其然,那"哒哒……哒……"的脚步声在打开房门后更清晰了,还带着"咚咚"的声音。

我一阵无语。

下楼一看，可好！地上一塌糊涂，上面都是水。原来那白净的瓷砖显得十分脏乱，还带着一个个的脚印。

我抬头一看，他身穿一条深蓝色的夹克衫，深灰色的毛衣，还有那一成不变的西装裤，额头上还带着点点汗珠，从鼻尖滑落到下巴，再滴落到地板上，发出"叮"的声音。而那毛衣上也留下深深的几丝水的痕迹。

他急速地走来走去，还带着"哒哒"声，那急促的脚步声，想必会打扰到爸爸妈妈睡觉吧。

看了看时间。嗯，还早，才五点半。我再次看了看那快速在各个房间穿梭的瘦弱背影，还有那忽远忽近的脚步声。

要不去帮帮忙吧。他毕竟是一个老人，一个人要有同情心。再说了，他也是一片好心，他来家里住一段时间就要走的嘛！

这样想着，又听见那"哒哒哒"的声音出来。我连忙跑过去，用干抹布在地板上擦干，又沥干，再擦，这么反反复复。

那"哒哒哒"的脚步声在我身边停下，我却一直专注地干着我的事儿。直到把地擦干，看到地面又恢复到往日的白净，我不禁觉得一阵欣喜。

这时，我抬起头，看到瘦小的老人。他一直专注着我，满眼充满了许多我看不懂的情绪，有伤感，有欣慰……

"哎，你长大了，我也老喽！"说着，还扬了扬嘴角，一屁股坐在沙发上，发出"哒哒"的声音。

听见这话，我一股酸意不由自主地冒了上来，却对外公笑笑说："没事儿，你还有我们嘛！"

说着，我跑笑到外公坐的地方，发出"哒哒哒"的声音。紧接着，客厅中就散发出一阵欢快的笑声。

清晨的脚步声

白　芨

　　清晨，一抹初阳洒在"墨绿"的楼梯上。阳光一寸寸，悄悄地挪移着，暖暖的。

　　"妈！我走了。"我朝屋里大喊。"你慢点儿哟！别急。"妈妈用灰色的抹布，擦了擦布满油渍和老茧交织的双手，边擦边喊道。"噔噔噔"，脚步声在楼道内的回音显得特别沉闷急促。我从楼上飞一样往下奔，妈妈跟趄地从屋里走出来，急匆匆的脚步声，"嗒嗒嗒"。"又是这样，唉！这孩子。"她一边叹息，一边在转角处寻找着某个人。可依旧还是那样，没有一个人。

　　早晨的街市，显得格外忙碌，商贩都在扯着嗓子"推销"早点。说起来，还真是带劲儿！嘴里喊着，手里也不闲着，推着小车，"咯吱咯吱"地响。这是"忙碌"的脚步声吗？

　　我渐渐地被这种景象带入了沉思中，不假思索地往前挪动着脚步，心中不禁泛起一阵阵涟漪。"嘿！别走！公交车！"一位年轻人大声喊道。我看到他手里紧攥着两枚一元硬币，不知是害怕被人偷，还是怕它摔在地上然后消失不见。"嘀嘀嘀！"一辆公交车来了。"哐哧"，车门开了，我想他一定会争先冲上去吧！事实却不是我想的那样。在他的身后有一位带着孩子的妈妈，年轻人毫不犹豫地让她们先上了车，自己紧跟其后帮衬着。紧接着一声声硬币碰撞的清脆声响，心里好像被拨动了某根弦。透过车窗隐隐看到那位青年露出了开心的笑脸，这是"关爱"的脚步声吗？

我又一次陷入沉思中，不知不觉地走到了校园，撩起袖口，瞅了瞅手上的表：离上课还有十五分钟。这时一阵清风扑面而来，吹响了树的叶子，吹动了草儿的花朵。我静静地闭上眼睛，细细地聆听着轻风拂面、叶子飘零的声音！"沙沙沙"，这是大自然问候的"脚步声"吗？

我走进教室。从上课到放学的时光如白驹过隙，一道道余晖照射在教室的书桌上，金黄色的，还发着光！丁零零的下课声响遍了整个校园。"嗒嗒嗒"，无数的脚步声离我愈来愈远。突然，脑海里闪过一句不经意的话："你慢点儿哟！别急。""嗖"的一声，我已奔向教室外，脚下的步伐也加快了，呼吸也急促了。我朝着夕阳奔跑着，感觉妈妈的身影从我眼前闪到了身后，转身却遂而消失不见！这时耳边响起既熟悉又温暖的旋律"嗒嗒嗒"，这是"妈妈"的脚步声吗？

神秘的脚步

庄可馨

冬风在窗外咆哮着，不断拍打着玻璃。漆黑的夜里只剩下明晃晃的月亮，不见一点儿星光。

我换好了衣服，一步一步下了台阶。空旷的楼道中只有我的脚步声，使得我的背脊有些发凉。

楼下便是步行街。但如今，只剩下了机器的轰鸣，少了游人们的脚步声。

不知何时，沉浸在自己的世界的我，踏入了一个伸手不见五指的小巷子中。别说机车的轰鸣，连夏虫的鸣叫也不见了。

提着心继续向前走。不经意间，听到了一个轻微，但并不属于我的脚步声。

那是谁？我是不是被他盯上了呢？我应怎么办？跑吗？——我的脑子里一片混乱，尽是一些稀奇古怪的想

你永远在我身后

法。

我深呼吸，停下脚步，仔细聆听。嘿，这脚步声不见了，是错觉吗？

向前走了一段，果不其然，那脚步声又出现了。我的步伐不断加快，身后的脚步声也不断地加重，更为清晰。背后有灯光归来，地上的影子映出了一个头型奇怪，张牙舞爪的身影。

我尖叫了一声，加快脚步开始了奔跑。

那个神秘的影子一顿，又紧接地踩着沉重的脚步声跑过来——他的喉中喘着粗气。

许久，前方便是尽头了，而身后的神秘人仍是穷追不舍。

将背贴在墙上，看着两只铁掌探来，做好了"决一死战"的准备。

抬头一看，却呆住了——这慈祥的面孔，不正是父亲吗？

父亲眨巴眨巴眼睛，柔和一笑，将大手覆在我的头上："你第一次自己走夜路回家，我有些不放心。所以……"

未等父亲说完，我一头扎向他的怀中，久久不能言语。

当大手牵起小手，两道脚步声合二为一，我听到的不只是脚步声，而是父亲藏在心中，未对我说出的爱！

观鸬鹚捕鱼

辛　夷

它骄傲地伸开双翅，做展翅欲飞状，似乎在向我们炫耀什么，又微微张开嘴巴，发出奇怪而低不可闻的叫声。稍远一些的那只则静静蹲着，拼命将脖颈后仰，面向阳光，眯起了深邃的眼。这些性情颇为高傲的鸬鹚，个个都是捕鱼能手。

渔人拿着又细又长的篙乘小舟下了河，鸬鹚也乐呵呵下了水，不紧不慢地梳理着自己的羽毛。渔夫用长篙轻击水面，溅起半人高的剔透水花，惊得那些故作姿态的鸟儿乱成一团，赶忙将头埋下水去，肥硕却轻盈的身体一沉，先前翘得比头还高的尾羽也一闪即逝，神秘地消失了。原来欢腾的河面平静下来，唯闻渔夫高亢的吆喝声，以及"一波未平一波又起"的荡漾，一圈一圈，忽聚忽散，有的还蔓延到了远处。河水不很清澈，但想来鸬鹚在水底也是极其自由舒畅的吧。

只是眨眼的工夫，"捕鱼能手"们便凯旋归来。捕到鱼的便衔在嘴里，拖着湿漉漉的身体快速向渔人游去。那些一无所获的，不由分说地去与胜利者争抢，每每都被渔人用那篙推到一边，只得灰心丧气地衔了水底的一根枯草，懒洋洋地游到阴凉处小憩，不时用蓝绿的眸子瞥向远处在主人喜色中得到奖励的"优胜选手"。

新一轮捕鱼又拉开了帷幕，"扑通"声不绝于耳、此起彼伏。突然，一个不大却引人注目的漩涡打破了周边的宁静，一只毛色幽深的鸟儿从水边探出身子，高调地甩了甩湿透的身子。在纷飞的水珠中，人们能清晰地看见它嘴中那条颇大的野生鲤鱼。四周的其他鸬鹚闻声而动，一哄而上，嘴忙脚乱地争抢令人眼馋的大鱼。可怜的鲤鱼，不时掉进水中，刚获得片刻自由，又被"夹"出水面。这鱼终花落一只年轻力壮的鸬鹚嘴中，只见它拼命地扑扇着翅膀，双腿令人眼花缭乱地摆动，便使出一招绝迹江湖多年的"水上漂"，劈波斩浪勇往直前，把同伴都甩在了后面。

那渔夫小心翼翼地接过鱼，心满意足地笑了。

又一串水珠折射阳光的容颜，我不禁也笑望着初见的鸬鹚，亲切如新酿的醇酒在心底拼命地发酵。鸟类，似乎已不是盘旋于空中的守望者了，就在我们身边。那抹蓝绿越发摄人心魂，我好像已迫不及待去亲近大自然了。

鸬　鹚

鹤　珂

　　两位渔民都是五六十岁的老人，古铜色的皮肤显得颇为壮实。不久，就把鸬鹚原本绑着的双脚解开，像赶鸭子似的把鸬鹚赶进了河沟里。小船也从一个斜坡滑了进去。

　　两位师傅人手一只长竿，又各驾一条摇晃的小船，在河面上摆动。时不时发出异样的怪叫，像是一种召唤与训斥，又用长竿拍打着水面。那两条小船一扭一扭地前进，看着也有点儿吓人。

　　鸬鹚下了水后就开始低沉地叫唤起来了。突然，一只鸬鹚扭动着肥大的身躯敏捷地向上将脖子一提，又迅速抬起后腿，同时将翅膀贴紧身体，再向水中一猛子扎下去，一个完美的弧形之后，它滑入了水里，它就像一个圆滑的球一样，如此舒坦。

　　没过多久，它就叼着一条鱼上来了，衔在嘴里，昂着头，拉长了脖子。又扑棱扑棱翅膀，活像一个打了胜仗的将军，却乖乖地站在船上，把鱼交到了师傅手里，又乖乖地继续到水中。

也不是每只鸬鹚都这样驯服的。你看那只，抓到了一条鱼，拼命地往肚子里咽，把脖子鼓了那么壮的一个，还是斗不过那勒脖的小线，只得暗自惆怅地游着。

好戏永远没有结束。这时，一只鸬鹚猛地张开翅膀，卖力地挥动了几下，接着就来了个轻功水上漂，踩着水面，风一般地掠过，就像是贴着水面飞一样。可是，它为什么不飞呢？

不久，鸬鹚上岸了。长长的啄前有鹰钩似的弯钩，墨绿色的眼睛异常阴森，一身乌黑的毛像巫师的斗篷。一言以蔽之，整个鸬鹚就像阴险的老巫婆。鸬鹚的正羽也被拔掉了几根，有的有洞。这鸬鹚啊，除了对渔民不攻击以外，对其他任何人都是一副虎视眈眈的样子，离它稍微近一点儿，它就扑过来。

"师傅，这个鸬鹚是从野生的变成家养的吗？"一个小女孩儿对表演师傅说。

"不是的，野生的捕不住，它本身就是家养的。"师傅操着一口夹生的普通话。

哦。野生的鸬鹚快乐还是家养的鸬鹚快乐呢？想必是野生的。

家养的鸬鹚选择了没有天敌的世界，可如今，就连能否吃到食物都得看主人的脸色。为了一口吃的，宁愿放弃行走的自由，系上了"脚镣"。

"为什么鸬鹚不能飞呢？"我问。

"它的羽毛被弄掉了，就飞不起来了。"

不会飞的水鸟还算鸟吗？可怜啊，放弃了自由，放弃了飞行的权利，甘愿禁锢在囚笼中，只为求得一时的安宁，也难怪它看见人就想啄呢！受尽屈辱，也真是"难为"了它了。

"养它有什么简单的办法啊？"老师问。

"不要喂它太饱，半饱就行了。饱了它就不捕鱼了。"

这人呀，可真是聪明，把这鸬鹚玩弄于股掌之间。只是这可悲的鸬鹚，放弃了自由，却也沦落到连饭也吃不饱的境地了。

"现在已经没有人来学了，十年之后，这鸬鹚捕鱼就没了。"渔民师傅摆了摆手说。我看见师傅手上有鸬鹚咬过的痕迹。

"不自由，毋宁死。"当鸬鹚放弃了自由时，它还拥有些什么呢？

十年之后，野生的鸬鹚自由地飞过天空。而鸬鹚捕鱼，终究成了寓言式的悲剧。

奇妙的"鱼鹰"

肖　可

秋意浓浓的湖畔，时不时传来同学们的议论声和笑声。原来是文学社的同学正准备观看鸬鹚捕鱼的表演呢。

微等了片刻，只见一辆拉着几笼黑压压的鸟的车向我们驶来。想必这就是鸬鹚了。嗯，长得还不算太让我们失望。翡翠绿的眼睛下，是一副如鹰一般的尖勾嘴。之前在网上搜过鸬鹚又名"鱼鹰"，原来是这般。腮边的鸭蛋黄和它那如鸭蹼一般的脚更是让我们议论纷纷。仔细一看，它的脚和脖子都被线给绑住。师傅们一解开它们脚上的线，它们立马神气活现了。一会儿把翅膀张开，摇摇晃晃地摆了个pose；又三五成群地"拔河"玩。在师傅们的鞭赶下，它们才入了水。

待一切准备就绪后，鸬鹚并没有立即下水抓鱼，而是先给我们展示了它的"水上轻功"。"唰唰"几声，果真如武林高手一般在水上行走。似乎是看到了同伴的示范，其他的几只鸬鹚也不甘示弱，比试起来。霎时间，湖面上浪花飞舞，好不壮观。

突然，站在船上的师傅拿出一根长长的竹竿，用力地拍打水面。鸬鹚立即就停下比试，往拍打的水面游去。原来师傅刚才拍打的是有鱼的位置，从而让鸬鹚确定方向捕鱼。好家伙！它们迅速地钻进水中，一只活蹦乱跳的黑鱼就此得手。我们不禁啧啧赞叹。其他鸬鹚见功劳全被这货抢去了，立马争夺起来。有的自知争夺不过，就从水里衔一根树枝，仿佛不得到什么战利品就决不罢休。就这么来来回回，少说也捕了有五六条鱼。可奇怪的是，竟没有一只鸬鹚吃掉鱼。真是让我百思不得其解。

一会儿，师傅们和鸬鹚就上岸了。我们怀着满肚子的疑问朝师傅奔去。我自然要解决了刚才那个疑惑："师傅，为什么鸬鹚捕到鱼后。没有立刻吃掉呢？"师傅笑笑："你看，它脖子上有一根线勒着，即便它想吃，我们封住了它的食道，它就咽不下去了。如果真要让它把鱼吃掉。那以后它就不做事，只吃鱼了。"哦，原来如此。我望着那些黑黑的鸬鹚，心中实在想不出它叛变的样子。师傅又将鸬鹚捕的鱼展现给我们看，"啪嗒"，一只足足两尺长的大鱼映入我眼帘。哦！我的天！这么大的鱼，腮被鸬鹚咬得鲜血直流，也太厉害了吧。我不禁回望了那尖勾嘴，"鱼鹰"的绰号让我对它有了些敬畏之心，师傅们将

你永远在我身后

213

鸬鹚的嘴扒给我们看。只见它们的嘴里有一排排锋刃如刀的小刺，手一划就会出血。除了那条大鱼，还有一些野生黑鱼和家养黑鱼，尽被收入囊中。我们无不为鸬鹚的"高超技能"所折服。

终于，表演结束了。我望着师傅和鸬鹚远去的身影，心中期待着下次更精彩的采风。